Collection
Libre Échan

LE CINÉMA DE LA VIE 2

Extraits de films de Éric Rohmer

sélectionnés par Janine Courtillon
et Geneviève-Dominique de Salins

Livret d'accompagnement

 les films du losange

HATIER / Didier

Avant-propos

Beaucoup d'étudiants étrangers nous ont dit combien les films de Rohmer les avaient aidés dans leur apprentissage du français parlé aujourd'hui.

C'est pourquoi nous avons choisi des extraits de ces films pour fournir aux étudiants de *Libre Échange*, ou de toute autre méthode, des documents d'appoint leur permettant d'acquérir plus rapidement la langue courante et surtout d'**accéder** beaucoup plus rapidement que par simple étude des dialogues des situations des méthodes **à un bon niveau de compréhension orale**. On n'insistera jamais assez sur l'importance d'acquérir une bonne compréhension de la langue étrangère dès le début de l'apprentissage. **La compréhension est la base de l'acquisition de la langue étrangère**. C'est à force d'entendre, de comprendre et de repérer des structures et du lexique nouveaux que petit à petit, l'étudiant acquiert, de manière implicite, des connaissances qui lui permettent de prendre la parole et de s'exprimer. Les recherches dans le domaine de l'apprentissage ont montré que seules ces connaissances ont un effet sur la production orale.

En classe, le processus d'acquisition de ce type de connaissances peut être grandement facilité grâce à une méthodologie qui mettra l'accent sur la compréhension. C'est le parti que nous avons choisi dans ce livret d'accompagnement.

Reflet de la vie réelle, ces dialogues paraîtront certainement difficiles à un étudiant **de niveau 2**, mais il découvrira très vite que la fréquentation assidue de ces documents lui permet de s'orienter dans les échanges authentiques et d'accéder à une compréhension plus fine du français parlé.

Ce livret s'adresse aussi bien à des étudiants en cours de langue qu'à des étudiants en auto-apprentissage.

Méthodologie

On fera visionner chaque scène et on laissera dire librement aux élèves ce qu'ils ont compris. On n'expliquera pas ce qui n'a pas été compris après une première écoute, mais on procèdera à une seconde ou une troisième écoute. C'est ainsi que s'acquièrent

© Les Éditions Didier, 1996.   ISBN 2-278-04560-1   Imprimé en France

a capacité à comprendre et à s'exprimer, car les étudiants, en disant ce qu'ils ont compris, manipulent la langue et retrouvent les
phrases exactes du dialogue.

En auto-apprentissage, si, après plusieurs écoutes, le dialogue a
été insuffisamment compris, il faut avoir recours à la transcription
en s'aidant d'un dictionnaire, si nécessaire. Il faudra ensuite ré-
écouter le dialogue sans l'aide de la transcription jusqu'à ce qu'il
soit bien compris.

Avez-vous compris ?

Cette rubrique comporte des questions qui permettent de retrouver
la trame de la scène, le déroulement significatif des échanges, c'est-
à-dire l'essentiel de ce qui se passe dans la scène.

En auto-apprentissage, ces questions peuvent guider la compréhension dans la mesure où elles suggèrent la trame de la scène. En
classe elles peuvent aussi être utilisées pour l'entraînement à l'expression, ou pour l'élaboration de résumés, si cela constitue un
objectif d'apprentissage pour certains élèves.

Repérages

Cette rubrique est constituée essentiellement d'explications sous
forme de paraphrases ou parfois de définitions. Sa lecture renfor-
cera la compétence linguistique des étudiants, dans la mesure où ils
y découvriront des formulations différentes, c'est-à-dire une mani-
pulation du langage, source d'apprentissage.

Ces explications sont regroupées en fonction de leur intérêt : lexi-
cal, grammatical ou fonctionnel. Il ne s'agit pas de les transformer
en cours de grammaire, ce qui irait à l'encontre des objectifs re-
cherchés : comprendre et s'exprimer. Les étudiants devraient lire
et s'en inspirer pour préparer les jeux de rôles ou discussions
qu'on leur propose. Les étudiants en auto-apprentissage pourront
s'y référer pour vérifier et consolider leurs connaissances.

Jeux de rôles, discussions

Selon le temps dont on dispose, on choisira l'une ou l'autre de ces
activités. Au cours des discussions, on pourra aborder les compa-
raisons interculturelles sur les comportements décrits dans les extraits de films. En fonction de l'intérêt des étudiants et de leurs
objectifs, on pourra aussi proposer à des volontaires d'apprendre
par cœur certaines scènes et de les jouer à leur manière devant la
classe. Ils peuvent être fidèles au texte, y apporter des variantes ou
encore improviser sur le thème.

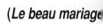
Avez-vous compris ?

- Sabine et Clarisse discutent :
  - Quel est le sujet de conversation entre Sabine et Clarisse ?
  - Les deux amies ont-elles les mêmes principes de vie ?
  - Sabine est-elle vraiment égoïste ?
- Pouvez-vous faire le portrait «moral» des deux femmes en repérant dans le film les phrases-clés ?

Repérages

1. Lexique

   «On ne décide pas de se marier **dans l'abstrait**»
   Sans connaître réellement quelqu'un.
   «Ça se trouve **à la pelle**»
   Il y en a beaucoup.

2. Syntaxe

   «**Ce qui** compte, **c'est** mon propre changement de mentalité»
   C'est mon propre changement de mentalité *qui* compte.

3. Lexique

   «Alors **brusquement**, j'ai pris ma décision.»
   Tout d'un coup, soudain, d'un seul coup.

   «L'idée **me trottait dans la tête** depuis quelque temps.»
   Je *pensais* à cette idée depuis quelque temps.

   «Je ne vois plus les hommes **sous le même angle**»
   De la même façon.

   «Mes **amants**, je ne les ai jamais vus travailler»
   Mes petits-amis (relation amoureuse).

   «Il veut briller, **parader**»
   Se montrer à son avantage, «faire le beau».

   «Une fille **purement calculatrice**»
   Qui agit *uniquement* en fonction de *ses intérêts*.

   «Tu te détermines uniquement par des impulsions»
   Tu agis en fonction de tes impulsions. Tu es impulsive, fantaisiste (tu ne réfléchis pas avant).

   «J'avais envie de vivre **la vie de bohème**»
   Vivre sans règles, sans obligations.

   «Ça **renforce** ta sécurité»
   Ça *augmente* ta sécurité.

Discussion

Sabine et Clarisse représentent deux types humains.
L'une représente la raison, l'autre le cœur.
Formez deux équipes et préparez vos arguments pour défendre
soit l'attitude de Sabine, soit celle de Clarisse face à la vie.

Transcription

Sabine : Tu sais… ?

Clarisse : Quoi ?

Sabine : Je vais me marier.

Clarisse : Avec Simon ? Il divorce ?

Sabine : Même s'il divorçait, je ne voudrais pas de lui et de ses deux gosses.

Clarisse : Alors, avec qui ? Je le connais ?

Sabine : Avec personne. Je dis ça en général.

Clarisse : Mais alors là, dans ce cas… !

Sabine : Dans ce cas, j'ai pris ma décision. C'est l'essentiel.

Clarisse : On ne décide pas de se marier, comme ça, dans l'abstrait. Moi, je me suis mariée parce que j'aimais Frédéric !

Sabine : Ben, moi, je décide. Je ne suis pas obligée de faire comme les autres.

Clarisse : Et ce mari, où le trouveras-tu ?

Sabine : Ça se trouve à la pelle. La question n'est pas de trouver ou de pas trouver. J'ai toujours trouvé ce que j'ai cherché. Ce qui compte, c'est mon propre changement de mentalité. Et l'autre soir, j'étais chez Simon, et je me suis dit : «Qu'est-ce que je fais avec ce type qui a une femme et des enfants, alors qu'il y en a tant qui sont libres ?» Alors, brusquement j'ai pris ma décision. Quand je dis «brusquement», c'est pas tout à fait vrai. L'idée me trottait dans la tête depuis quelque temps.
Je ne vois plus les hommes sous le même angle. Le matin, quand je prends le train, il y a plein de types qui travaillent, des étudiants, des profs, des ingénieurs. Ils lisent, ils écrivent, ils pensent. J'aime voir les hommes travailler. C'est à ce moment-là qu'ils sont beaux. Or, mes amants, je ne les ai jamais vus travailler, même Simon. Quand nous nous voyons, c'est pour faire l'amour ou nous disputer. Sitôt que je suis là, il s'arrête de peindre. Il veut être tout à moi, et c'est là qu'il se trompe. Quand un homme est avec une femme, il est rarement naturel. Il veut briller, parader. Il est presque toujours ridicule.

Clarisse : Tu m'amuses ! À t'entendre, on pourrait croire que tu es une fille mais… purement calculatrice. C'est vrai ! Mais en fait, c'est tout le contraire. Tu te détermines uniquement par des impulsions.

Sabine : Oui, je suis impulsive. C'est parce que je le suis que j'ai besoin d'avoir des principes. Je détermine ce que je veux faire en général, et pour le particulier, je suis ma fantaisie. J'avais envie de vivre la vie de bohème pendant quelque temps. Je l'ai vécue. Maintenant, c'est fini. D'ailleurs, tu es comme moi.

Clarisse : Ah non, pas du tout ! Mon seul principe, si j'en ai un, c'est de me laisser guider uniquement par l'amour.

Sabine : Et si tu n'aimais plus ?

Clarisse : Mais jamais je ne pourrais vivre avec quelqu'un dont je ne serais plus amoureuse.

Sabine : Tu t'es mariée ?

Clarisse : Notre mariage, c'est une affaire de commodité, de convenance, de famille. Ça ne nous apporte rien, ça ne nous enlève rien non plus. Mais jamais je n'aurais eu l'idée d'être mariée pour être mariée !

Sabine : Si. L'idée du mariage est dans ta tête depuis ta plus tendre enfance.

Clarisse : Non, c'est une pure concession à la vie sociale.

Sabine : Je crois surtout que ça renforce ta sécurité.

Clarisse : Peut-être oui… Vis-à-vis des gens, mais pas entre nous deux. Notre lien reste aussi fragile et aussi fort. C'est l'amour, et l'amour seul.

Sabine : L'amour é-vo-lue !

Clarisse : Il change de forme, peut-être. Mais de force, non.

Sabine : Même dans l'amour, il y a une part de volonté.

Clarisse : Je ne sais pas si tu te rends compte, mais ton point de vue est d'un égoïsme fou.

Sabine : D'un égoïsme sage !

Le Beau mariage

J'ai rencontré l'homme de ma vie

(*Le Beau mariage*)

Avez-vous compris ?

- Quelles sont les relations entre les deux femmes ?
- Quelles sont les 3 nouvelles essentielles qu'annonce Sabine ?
  - concernant son travail
  - concernant ses études
  - concernant sa vie amoureuse
- Comment la mère de Sabine réagit-elle à ces 3 nouvelles ?
  - concernant le travail de Sabine
  - concernant les études de Sabine
  - concernant la vie amoureuse de Sabine
- Comment Sabine décrit-elle son «futur mari» ?
- Qui veut se marier ? Sabine ou le jeune homme ?
- De quoi la mère de Sabine a-t-elle peur ?
- Comment réagit Sabine ?
- Selon la mère de Sabine, comment se marie-t-on de nos jours ?
- Selon Sabine, quelle est la bonne tactique pour se marier ?
- Pourquoi Sabine a-t-elle décidé de suivre cette tactique ?

Repérages

1. Lexique

   «Pour ce que je gagnais, ça ne valait vraiment pas le coup»
   Comme je gagnais peu, ça ne valait pas la peine (ce n'était pas intéressant).
   «Il faut d'abord que je termine ma **maîtrise**»*
   Maîtrise : diplôme de 4e année d'université.
   «Ça ne m'amènera rien»
   Ça ne me donnera pas un travail, une profession.
   «**À part** sa peinture, il ne connaît rien»
   Excepté, sauf dans le domaine de la peinture.
   «Tu n'es pas **enceinte**»
   Tu n'attends pas un bébé.

2. Manifester son étonnement

   «Qu'est-ce que **tu vas chercher** là ?»
   Ce à quoi *tu penses* dépasse la réalité.
   Pourquoi *penses-tu* comme ça ?

3. Expression lexicale

   «Je **me fais fort de** lui plaire un jour»
   J'arriverai sûrement à lui plaire, j'en fais le pari.

4. Grammaire

   «**Aucun** homme **ne me résiste**»
   Tous les hommes me cèdent.

Comparer : Les hommes *ne* me résistent *pas*.
               Aucun homme *ne* me résiste.
«J'ai vécu ensemble avec des gens, et je ne me suis pas mariée **pour autant**»
J'ai vécu avec des hommes, *malgré cela*, je ne me suis pas mariée avec eux.

5. Lexique
«Je veux que mon mari fasse de moi une **idole**»
Une *divinité* que l'on adore.
«Il y a 100 ans, maman, les femmes étaient **idolâtrées**»
Adorées comme des idoles.

6. Expressions lexicales
«Tu tombes d'un excès dans l'autre»
Tu vas d'un point extrême à l'autre.
«Et je crois que, si **je me jette dans ses bras** tout de suite...»
Si j'accepte tout de suite de l'aimer.
«Les hommes sont prêts à me **mettre sur un piédestal**»
À me *placer très haut* comme une divinité.
«Sitôt que je cède, je ne suis plus qu'**une moins que rien**»
Quelqu'un sans aucune valeur.
«Je ne veux pas qu'on m'aime pour **mes fesses**»
Ici, pour *mon corps seulement*.

Discussion

Mettez-vous en équipe et discutez du point de vue de Sabine sur le mariage.
Pensez-vous que Sabine a un point de vue moderne sur le mariage ? Connaissez-vous beaucoup de gens qui pensent comme elle ? Quelle est votre opinion sur cette question ?

Transcription

La mère : Déjà rentrée ?
Sabine : Oui. Bonjour.
La mère : Bonjour.
Sabine : Ça va ?
Lise : Oui.
La mère : Tu n'es pas malade ?
Sabine : Non.
La mère : Tu as déjeuné ?
Sabine : Non. Tiens, je vais prendre un peu de café... J'ai quitté mon travail !
La mère : Tu t'es encore disputée...
Sabine : Plus ou moins. Mais c'est pas ça. Pour ce que je gagnais, ça ne valait vraiment pas le coup.

La mère : Alors, qu'est-ce que tu vas faire ?

Sabine : Ben, rien pour le moment. J'ai un peu d'économies. Il faut d'abord que je termine ma maîtrise.

La mère : C'est quand ?

Sabine : Dans six semaines. Mais ne te fais pas d'illusions. Ça ne m'amènera rien.

La mère : Il faudra bien que tu fasses quelque chose. Et ton peintre… ? Il ne pourrait pas t'aider ?

Sabine : Simon ?! Tu penses ! À part sa peinture, il ne connaît rien… D'ailleurs, nous avons rompu. Je ne te l'avais pas dit ?

La mère : Ah non.

Sabine : Je croyais. Tu sais ? Je crois que je vais me marier.

La mère : Avec qui ?

Sabine : Un garçon très bien. Tu connais pas. Un avocat.

La mère : Il est du Mans ?

Sabine : Non, de Paris. C'est un cousin de Clarisse. C'est par elle que je l'ai connu.

La mère : Et… il est jeune ?

Sabine : Oui, trente-cinq ans. La bonne différence d'âge. C'est incroyable, mais c'est comme ça. J'ai rencontré l'homme de ma vie. Il est beau, il est jeune, il est riche, et il est libre !

La mère : Et il veut se marier ?

Sabine : Disons que c'est plutôt moi qui veux.

La mère : Ah bon… Tu n'es pas enceinte ?

Sabine : Qu'est-ce que tu vas chercher là ! Rassure-toi, maman, il ne m'a même pas encore embrassée. On peut bien épouser quelqu'un pour d'autres raisons que parce qu'il vous a fait un enfant !

La mère : Il y a longtemps que tu le connais ?

Sabine : Pas très, effectivement. Mais là n'est pas la question. Il me plaît. Il me plaît comme mari.

La mère : Et toi, tu lui plais ?

Sabine : Pourquoi ne lui plairais-je pas ? D'abord, je lui plais, j'en suis sûre, et si je ne lui plais pas encore, je me fais fort de lui plaire un jour. Aucun homme ne me résiste, tu sais bien.

La mère : Oh, je sais, je sais. Mais enfin, on ne se marie pas comme ça.

Sabine : Et on se marie comment ?

La mère : Eh, il me semble qu'à l'heure actuelle on vivrait plutôt d'abord ensemble et le mariage vient après.

Sabine : C'est toi, ma mère, qui parles comme ça. Eh bien, moi, ta fille, je dis non. J'ai vécu ensemble avec des gens, et je ne me suis pas mariée pour autant. Maintenant, je veux me marier, et pour amener un homme à se marier avec moi, il ne faut pas que je couche avec lui. Je veux me faire respecter, je veux que mon mari fasse de moi une idole, et pour qu'il le fasse, il faut qu'il me respecte.

La mère : Tu parles exactement comme il y a cent ans !

Sabine : Il y a cent ans, maman, les femmes étaient idolâtrées. Et si elles se refusaient aux hommes, ce n'était pas simplement par convenance, morale ou religion, mais par instinct, un instinct qui pousse la femelle à résister au mâle, pour qu'il la désire. Et cet instinct, je ne l'ai pas perdu si les autres ne l'ont plus. Jusqu'ici, j'ai trop cédé aux hommes. Maintenant, c'est fini.

La mère : Tu tombes d'un excès dans l'autre.

Sabine : Rassure-toi, maman. Je n'épouserai ce garçon que si je l'aime d'amour, et même probablement que si j'ai connu l'amour avec lui. Mais je veux que ce soit l'amour vrai. Et je crois que, si je me jette dans ses bras tout de suite, ce n'est pas la bonne façon. Je veux qu'il me désire, qu'il souffre.

La mère : Crois-tu que ce soit vraiment nécessaire ?

Sabine : Oui. Sinon, il me méprisera. Je suis faite ainsi. Les hommes sont prêts à me mettre sur un piédestal, mais sitôt que je cède, je ne suis plus qu'une moins que rien. Je ne veux plus qu'on m'aime pour mes fesses. C'est aussi simple que ça. Ce n'est pas toi qui vas me contredire.

La mère : Mais bien sûr que je t'approuve ! Ça me désolait de te voir perdre ton temps avec un homme marié. J'espère que lui, de son côté, répondra à tes sentiments.

Sabine : Mais il y répond, je te dis !

La mère : Ah très bien, très bien. Tu ne peux pas savoir comme je suis heureuse !

Le Beau Mariage

Il y a «amour» et «amour»

(*Conte d'hiver*)

Félicie a pris la décision de quitter Loïc et de vivre avec Maxence. Elle vient informer Loïc de sa décision.

Avez-vous compris ?

- Est-ce que Félicie savait que Loïc aurait des invités, ce soir-là ?
- Pourquoi Loïc n'a-t-il pas pu prévenir Félicie qu'il aurait des invités, ce soir-là ?
- Selon Félicie, est-ce facile de prendre une décision ? Pourquoi ?
- Où va partir Félicie ? Et avec qui ?
- Quelle est la profession de Maxence ? Où est-il installé actuellement ?
- Comment Loïc réagit-il à la décision de Félicie ? Que lui dit-il ?
- Est-ce que Félicie a pris sa décision depuis longtemps ?
- Que représente Maxence pour Félicie ?
- Pourquoi cette information est-elle nouvelle pour Loïc ?
- Selon Félicie, est-ce qu'on vit toujours avec la personne qu'on aime le plus ? Comment exprime-t-elle cette idée ?
- En fin de compte, pourquoi Félicie part-elle s'installer chez Maxence ?

Repérages

1. Comment formuler une excuse
   «J'espère que tu ne t'es pas trop ennuyée ?»
   Félicie ne pensait pas trouver des invités chez Loïc. Celui-ci s'excuse de ne pas l'avoir prévenue.

2. Lexique
   «On **tranche** parce qu'il faut **trancher**»
   Ici : *décider*, donc rejeter ce qui n'a pas été choisi.
   «C'est pas un **bled**, Nevers, c'est même assez grand»
   Familier : petit village, endroit perdu.
   Nevers, ville située à 200 km au sud de Paris.
   «C'est fini avec sa **bonne femme** ?»
   Familier et dépréciatif pour «sa femme».
   «Tu me mets toujours **devant le fait accompli**»
   Tu ne me préviens que lorsque tu as pris tes décisions.

3. Une manière de s'excuser
   «Je ne pouvais pas m'y prendre plus mal»
   Je ne pouvais pas procéder de façon plus maladroite.
   Du verbe : s'y prendre

« Rien ne t'oblige à te **lier** à un homme que tu n'aimes pas »
Se lier : devenir intime.
« Je n'acceptais pas qu'il reste avec sa **nana** »
Forme argotique pour *femme* ou *amie.*
« Tu as toujours **prétendu** »
Affirmé sans preuve.
« Il y a **des tas de** femmes qui aimeraient mieux vivre avec un autre homme »
Beaucoup de.

Discussion

Que pensez-vous du caractère de Félicie ? De son attitude vis-à-vis des hommes ? Pour vous, Félicie est-elle réaliste ? Est-elle tout simplement victime de la vie ?
Formez des équipes et argumentez pour exprimer votre opinion concernant le comportement de Félicie vis-à-vis des hommes.

Transcription

Loïc : Tu ne savais pas qu'il y aurait du monde. J'espère que tu ne t'es pas trop ennuyée.
Félicie : Non.
Loïc : Cet après-midi, au téléphone, je voulais te prévenir que je les avais invités, mais tu as raccroché tout de suite.
Félicie : Excuse-moi, j'avais une cliente. De toute façon, je serais venue quand même. J'avais quelque chose d'important à te dire. Très important.
Loïc : Me dire quoi ?
Félicie : Quelque chose qui ne pouvait pas attendre.
Loïc : Ben, si ça ne pouvait pas attendre, dis-le.
Félicie : Ben voilà, j'ai pris une décision.
Loïc : Et alors, quelle décision ?
Félicie : Attends. Quand on prend une décision, c'est pas toujours facile. Il y a le pour, il y a le contre. Alors on tranche parce qu'il faut trancher.
Loïc : Mais alors, dis.
Félicie : Je pars avec Maxence.
Loïc : Où ? Dans son bled ?
Félicie : Ça y est, il a son salon de coiffure. C'est pas un bled, c'est même assez grand. Nevers. Tu connais ?
Loïc : Oui, oui je sais, tu me l'avais dit. Oui. Il est originaire de là. Alors c'est fini avec sa bonne femme ?
Félicie : J'espère bien.
Loïc : Tu « espères »…
Félicie : Façon de parler. Tu sais très bien que c'était fini depuis longtemps.
Loïc : Et ta fille ?
Félicie : Je la prends avec nous.

Loïc : Vous partez quand ?

Félicie : Moi, dans huit jours. Lui est déjà parti.

Loïc : Comment, si vite ? Et tu ne me le dis que maintenant ! Tu me mets toujours devant le fait accompli ! Tu n'étais même pas obligée de venir me l'annoncer. Ce n'était pas la peine de te déranger ce soir.

Félicie : Écoute, il me l'a annoncé vendredi matin. Il est parti aussitôt après. J'ai pris le train samedi après-midi pour voir le salon et l'appartement. Je suis rentrée hier soir.

Loïc : Je me doutais qu'il y avait quelque chose, quand tu m'as laissé ton message. Tu ne sais pas mentir.

Félicie : Mais je ne t'ai pas menti. Je t'avais dit vendredi que je n'étais pas sûr d'être libre.

Loïc : Mais pas pour les mêmes raisons. Ça fait quand même cinq jours que tu le sais.

Félicie : Je pouvais quand même pas te l'annoncer au téléphone. Je pensais que j'aurais le temps de te préparer un peu… et voilà que je suis forcée de te le dire brutalement, juste au moment où tu allais te coucher. Je suis désolée, je ne pouvais pas m'y prendre plus mal. J'aurais aimé qu'on se quitte dans le calme, dans la paix, puisqu'on continuera à être amis comme avant, même si on se voit peu. Je sais que tu n'es pas d'accord. Moi aussi, j'ai beaucoup de peine de te quitter, mais il le faut.

Loïc : Non. Rien ne t'oblige à te lier à un homme que tu n'aimes pas.

Félicie : Mais j'aime Maxence ! Je t'ai toujours dit que je l'aimais et que c'était pour ça que je n'acceptais pas qu'il reste avec sa nana, même s'il disait qu'il n'y avait plus rien entre eux.

Loïc : Tu ne m'as jamais dit que tu l'aimais.

Félicie : Eh ben, je te le dis, voilà.

Loïc : Ça, c'est du nouveau. Tu as toujours prétendu que tu n'aimerais qu'un seul homme : le père de ta fille.

Félicie : Oui, mais il y a «amour» et «amour». Charles, je l'aimais. Je l'aime toujours. Absolument. Maxence, je l'aime d'une autre façon. Toi aussi, je t'aime.

Loïc : Mais pas d'amour.

Félicie : Mais Maxence non plus, je ne l'aime pas d'amour. C'est pas parce que j'aime faire l'amour avec lui, que je l'aime vraiment d'amour. Je sais pas si tu me comprends. Je l'aime comme l'homme avec qui j'aime vivre, tout en pensant que j'aurais mieux aimé vivre avec un autre, mais qui n'est pas là. Il y a des tas de femmes qui aimeraient mieux vivre avec un autre homme que celui avec qui elles vivent, mais il n'existe pas. C'est un rêve. Pour moi, ce rêve est une réalité. C'est une réalité, mais une réalité absente. Je vais te dire une chose, c'est peut-être à cause de Charles que je m'en vais. Comme ça il ne sera plus qu'un rêve, et ce sera peut-être mieux.

Conte d'hiver

Avez-vous compris ?

Félicie et sa sœur Amélie discutent tout en préparant le départ de Félicie à Nevers. On voit le portrait de Charles, le père de Élise, la fille de Félicie.

- Amélie est étonnée que Félicie emporte à Nevers le portrait de Charles. Quelle explication lui donne Félicie ?
- Pourquoi Amélie pense-t-elle que Félicie exagère ?
- Amélie et Félicie ne partagent pas les mêmes goûts. Repérez les différences entre leurs goûts concernant :
    a) Loïc ; b) Maxence ; c) Charles
- D'après ce que dit Félicie, où est parti Charles ? Que fait-il là-bas ?
- Pourquoi Amélie conseille-t-elle à sa sœur de «prendre son temps».

Repérages

1. Grammaire
   « C'est quand même normal qu'un enfant **sache** comment est son père »
   Sache : subjonctif de *savoir*.

2. Lexique
   « Mais, il peut très bien **réapparaître** »
   Ici, *revenir*.
   « On ne peut pas compter **là-dessus** »
   Sur le fait que Charles revienne un jour.
   « Tu lui as donné des espoirs qui seront **forcément** déçus »
   Obligatoirement.
   « C'est **frustrant** pour un enfant »
   L'enfant se sent frustré, c'est-à-dire privé de la présence de son père.
   « Petites **copines** de la **maternelle** »
   Les petites *camarades* de la maternelle.
   La maternelle : les classes pour enfants de 3 à 6 ans.

3. Expression de l'impossibilité
   « Comment veux-tu qu'elle **sache** ? »
   Elle ne peut pas savoir.

4. Lexique
   « Je ne trouve pas que Loïc soit **moche** »
   Familier pour *laid, pas beau*.
   « Tu le trouves trop **baraqué** »
   Physiquement *fort*.
   « J'aime les hommes **plutôt enveloppés** »
   Assez gros.

14

«**Il fait** trop modèle idéal... **réclame** d'eau de toilette, **tant que tu y es** !»
Il a l'air d'un modèle idéal comme dans une *publicité* pour eau de toilette.
Tant que tu y es : tu as déjà commencé à le caricaturer, continue jusqu'au bout.

Discussion

Relevez, dans l'extrait du film, les mots et expressions qui permettent de qualifier, de caractériser le physique d'une personne. Puis discutez entre vous de vos goûts concernant la beauté physique.

Transcription

Les enfants : C'est ça, il est là…

Félicie : Tiens, ça t'intéresse, ça ?

Amélie : Non pas pour moi, mais je la donnerai à Coralie. Tu l'emportes ?

Félicie : Oui, pourquoi pas ?

Amélie : Ben, je ne sais pas si ton copain appréciera tellement.

Félicie : Oh ben, il dira ce qu'il voudra. De toute façon, il n'a rien à dire. C'est le père d'Élise et elle a bien le droit d'avoir la photo de son père dans sa chambre.

Amélie : Dans ce cas, tout de même, je ne sais pas.

Félicie : Quoi ?

Amélie : Je ne sais pas si tu fais bien de lui parler de son père, comme ça, tout le temps, surtout maintenant qu'elle va avoir un père adoptif.

Félicie : Oui, mais elle sait très bien que ce n'est pas son vrai père. Et puisque j'ai la chance d'avoir cette photo, je ne vois pas pourquoi je la cacherais. C'est quand même normal qu'un enfant sache comment est son père.

Amélie : Oui, mais s'il a disparu ?

Félicie : Mais, il peut très bien réapparaître, peut-être quand je serai morte.

Amélie : Écoute, sérieusement, on ne peut pas compter là-dessus. Tu le sais bien. Tu lui as donné des espoirs qui seront forcément déçus. C'est frustrant, pour un enfant.

Félicie : Oui, mais l'espoir, c'est mieux que rien. C'est tout de même mieux de pouvoir dire aux petites copines de la maternelle : « Moi aussi j'ai un papa. Il est en voyage mais c'est le plus beau ».

Amélie : À son âge, comment veux-tu qu'elle sache si un homme est plus beau ou moins beau ?

Félicie : Oh ben là, je peux te garantir qu'elle le sait. Elle sent très bien que Charles est plus beau que Loïc.

Amélie : Elle te l'a dit ?

Félicie : Non, je le lui ai dit et elle me croit.

Amélie : Félicie. Vraiment tu exagères !

Félicie : Elle me croit parce qu'elle le sait elle-même.

Amélie : En tout cas pas moi, je ne trouve pas que Loïc soit moche. Franchement, je le préfère même à lui.

Félicie : Question de goût. En tout cas, beau ou pas beau, Loïc n'est pas du tout le genre qui m'attire. Vraiment, je n'aime rien en lui… ni l'ensemble, ni les détails… ni son nez, ni ses yeux, ni sa bouche.

Amélie : Pourtant, toi et lui, vous avez un peu le même nez.

Félicie : Oui, et ben justement. J'ai toujours eu horreur de mon nez. J'aime pas les nez comme ça. Toi, tu l'as plus droit. Si nous avions des enfants avec Loïc, nos nez s'additionneraient et ça serait effrayant. Et puis, il y a une preuve, non plutôt un signe que je ne l'aime pas. C'est que je n'aimerais pas avoir d'enfants de lui. Alors que je pourrais en avoir de Maxence. Enfin, je ne sais pas, on verra.

Amélie : Ah !

Félicie : Quoi ?

Amélie : Rien, je dis «ah !» Je constate. Tes goûts sont tes goûts. De toute façon, ton coiffeur, je l'ai à peine vu.

Félicie : Je sais, tu le trouves trop baraqué, mais moi j'aime pas les maigres. J'aime les hommes plutôt enveloppés.

Amélie : Lui, on peut pas dire qu'il soit mal, mais, je sais pas, il serait plutôt trop, tu vois ?

Félicie : Trop quoi, trop beau ?

Amélie : Trop bel homme.

Félicie : Ah oui ! Alors, je vois pas le mal.

Amélie : Trop régulier, ça me gêne.

Félicie : Eh ben, pas moi. J'aime la beauté régulière. N'oublie pas que je suis aussi esthéticienne. Esthétique, ça veut dire beauté.

Amélie : C'est ça, il fait trop modèle idéal.

Félicie : Ah oui, réclame d'eau de toilette, tant que tu y es !

Amélie : Non, c'est pas ce genre-là. Je pensais pas à ça. Je dirais plutôt marin de mes rêves.

Félicie : Oui, et ben il est pas marin. Il est cuisinier.

Amélie : Oui, mais cuisinier de grand hôtel.

Félicie : Non, de bons petits restaurants. Mon Prince Charmant est un cuisinier. Tu vois… Si j'avais réussi à économiser assez d'argent, je me serais sentie capable de faire le tour de tous les restaurants d'Amérique.

Amélie : Mais plus maintenant ?

Félicie : Maintenant j'ai fait un choix. Bon ou mauvais, j'en sais rien. Mais il fallait choisir.

Amélie : Comment, tu n'en sais rien ?

Félicie : Quand on choisit on ne sait pas. Sinon, ce n'est pas vraiment un choix. Il y a toujours un risque.

Amélie : Oui, raison de plus de prendre ton temps.

Conte d'hiver

16

Je ne t'aime pas à la folie

(Conte d'hiver)

Félicie est installée à Nevers depuis quelques jours…

Avez-vous compris ?

- Maxence ne comprend pas pourquoi Félicie veut partir. Quelle raison donne Félicie ?
- Maxence n'accepte pas cette raison. Félicie s'explique. Que dit-elle ?
- Maxence se fâche et lui fait une proposition. Laquelle ?
- Félicie se fâche à son tour. Pourquoi ?
- Maxence lui demande une faveur. Laquelle ?
- Est-ce que Félicie accepte ?
- Comment Maxence expliquera-t-il le départ de Félicie ?

Repérages

1. Lexique
   « Je ne pensais pas te déplaire en disant que tu étais la **patronne** »
   Maxence est *patron* d'un salon de coiffure, donc Félicie est la *patronne*.
   « Qu'est-ce que tu as **subitement** contre moi ? »
   Tout à coup, soudain.
   « **Brusquement** les choses sont devenues claires »
   D'un seul coup, soudain.
   « **Ce serait vraiment moche**, alors que tout allait si bien entre nous »
   Ce ne serait pas bien, ce serait dommage pour nous.
   « Je vais prendre **une extra** pendant une semaine »
   Je vais prendre *une employée en plus*.
   « Lâche-moi ou **je cogne** »
   Ou *je te frappe* (familier).

2. Une manière de demander une faveur
   « **Accorde-moi** au moins une chose »

3. Lexique
   « **Je ne t'empêche pas** de faire ce que tu veux »
   Je ne m'oppose pas *à* ce que tu fasses ce que tu veux.
   Tu es libre de faire ce que tu veux.

4. Une manière de s'excuser
   « Tu sais, je suis tout à fait honteuse de te faire ça »
   J'ai honte de me conduire comme ça envers toi.

5. Lexique
   « Ça va te mettre dans **une situation très embarrassante** »
   Ici : une situation socialement et économiquement difficile.

« Toi **qui tiens tant** à ta respectabilité »
Qui attaches tellement d'importance à…
« Tu finis ton **petit suisse** et on s'en va »
Dessert, fromage blanc sucré.
« **Au fond**, tu dois être contente, non ? »
Finalement, en somme, au bout du compte.

Production écrite

Vous avez vu Félicie rompre deux fois. Une fois avec Loïc et maintenant avec Maxence. Que pensez-vous de l'attitude de Félicie ? Donnez votre opinion personnelle dans une lettre que vous destinez à Éric Rohmer, le réalisateur du film.

Transcription

Maxence : Excuse-moi. Je ne pensais pas te déplaire, en disant que tu étais la patronne. C'est une question d'organisation, c'est tout.
Félicie : Je rentre à Paris.
Maxence : Quoi ?
Félicie : C'est décidé. Je rentre à Paris.
Maxence : Mais enfin pourquoi ? Mais dis-moi pourquoi. Qu'est-ce que tu as subitement contre moi ?
Félicie : Je n'ai rien contre toi de spécial. Rien n'est changé, sois sûr. Je t'aime toujours comme avant, ni plus, ni moins.
Maxence : Et alors ?
Félicie : Je ne t'aime pas assez pour vivre avec toi.
Maxence : Assez… Ça veut dire quoi « assez » ?
Félicie : Assez, assez. Je ne pourrai vivre qu'avec un homme que j'aimerai à la folie. Je ne t'aime pas à la folie, c'est tout.
Maxence : C'est complètement fou ce que tu dis.
Félicie : Oui, je sais. C'est fou d'aimer quelqu'un à la folie. Mais moi je suis folle. Faut me prendre comme je suis. Tu ne vas pas te lier à une folle pour la vie ?
Maxence : Mais non, tu n'es pas folle.
Félicie : J'étais folle de décider en deux secondes de partir avec toi.
Maxence : Tu as bien décidé en deux secondes de t'en aller !
Félicie : Oui, mais c'est pas pareil.
Maxence : Je vois pas la différence.
Félicie : Eh bien si, parce que, quand j'ai pris ma première décision, je me suis décidée pour me décider. Je n'y voyais pas clair.
Maxence : Et tu vois clair, maintenant ?
Félicie : Oui très clair. Jamais dans ma vie, je n'ai vu aussi clair. Brusquement les choses sont devenues claires. Voilà.
Maxence : Tu as vu quoi ?

Félicie : Eh bien ce que je t'ai dit, que je ne devais pas me lier avec quelqu'un que je n'aimais pas à la folie. Pour toi, ça c'est des mots, mais pour moi, c'est pas des mots. Je ne te dis pas : «j'ai compris», je te dis : «j'ai vu». Il n'y a pas à discuter, c'est comme ça.

Maxence : Qu'est-ce que tu racontes ? Je comprends rien à ce que tu dis.

Félicie : Mais tu peux pas comprendre. C'est moi qui ai vu, pas toi. Lâche-moi.

Maxence : Écoute.

Félicie : Non, lâche-moi, tu me fais mal.

Maxence : Eh bien tant pis. Je me mets rarement en colère, mais, si je m'y mets, fais attention. Ça serait vraiment moche, alors que tout allait si bien entre nous. Écoute, je crois que tu es fatiguée. Je vais prendre une extra, pendant une semaine, même plus si tu veux. Tu ne t'occuperas plus du salon. Tu auras tout le temps pour t'installer confortablement ici.

Félicie : Je rentre à Paris... Lâche-moi où je cogne... Excuse-moi, c'est physique. Je peux pas supporter qu'on me tienne de force, surtout aujourd'hui. Puisque je te quitterai de toute façon, quittons-nous au moins en amis. Je t'aime, mais pas dans ces conditions.

Maxence : Dans quelles conditions ? Les conditions, ça se change.

Félicie : Je veux dire dans des conditions de définitif... Ah non, surtout ne t'approche pas.

Maxence : Accorde-moi au moins une chose. Je ne t'empêche pas de faire ce que tu veux, mais attends au moins un peu. Donne-moi au moins cette marque de confiance. Je ne te parle pas d'amitié, et encore moins d'amour.

Félicie : Non. Rien ne servirait à rien. Crois-moi. Tu sais, je suis tout à fait honteuse de te faire ça. Ça va te mettre dans une situation très embarrassante. On va te poser des tas de questions.

Maxence : Et alors ?

Félicie : Toi, qui tiens tant à ta respectabilité.

Maxence : Tu n'as qu'à pas partir.

Félicie : Au contraire, plus vite je partirai, moins il y aura de questions.

Maxence : T'occupe pas de moi. Je dirai la vérité. Je dirai que tu as fait une dépression, dont tu te sortiras bientôt, dans une semaine, peut-être même dans une heure. Dépression ou pas, tu es fatiguée. Qu'est-ce que tu comptes faire pour déjeuner ? Allez, je t'invite au restaurant. Pas en face, parce que c'est trop bruyant, mais tiens, je t'invite à la Grignotte. D'accord ?

Félicie : Lâche-moi, Max, ne me touche plus.

Maxence : Bon. Je sors. J'ai besoin de prendre l'air moi aussi. Tu ne peux pas dire que je t'empêche de faire ce que tu veux. Je serai à la Grignotte. À tout à l'heure.

Félicie : Ça y est, t'as fini ? T'as pas mangé ton poulet ?

Élise : J'ai plus faim.

Félicie : D'accord. Bon, tu finis ton petit suisse et on s'en va. On retourne chez grand-mère.

Élise : On reste pas ?

Félicie : Non, on prend le train.

Élise : Pourquoi ?

Félicie : Parce que c'est comme ça. Au fond, tu dois être contente, non ?

Élise : Qu'est-ce que ça veut dire «au fond» ?

Félicie : Au fond de toi. Je suis sûre que tu me comprends.

Élise : Oui.

Félicie : Hein !

Conte d'hiver

6 Maintenant que je te tiens, je ne vais pas te lâcher
(Conte d'hiver)

Avez-vous compris ?

- Charles et Félicie se retrouvent dans l'autobus. Charles sait-il que Élise est sa fille ?
- Dora est-elle la femme de Charles ?
- Quand Charles comprend-il que Élise est sa fille ?
- Avez-vous compris pourquoi Félicie et Charles se sont perdus de vue ?

Repérages

- Lexique

« Si tu savais comme je suis **conne** »
Stupide (argot).

« Je me suis trompée de ville »
J'ai fait une erreur en te donnant mon adresse.

« J'ai dit **Courbevoie** au lieu de **Levallois** »
Deux villes de la banlieue parisienne.

« Par **connerie** »
Par idiotie ; *connerie* est argotique.

« C'est un **lapsus** »
Lapsus : erreur de langage.

« Parce que je ne restais pas à **Cincinatti** »
Ville des USA.

« Mais non, là **en l'occurrence** c'est une erreur énorme »
Dans ce cas précis.

« T'es **marrante** toi »
Tu es *drôle* toi. Dans le sens : tu as de drôles d'idées…

« T'en fais pas pour elle »
Ne t'inquiète pas pour elle.

« Et tu **fuyais** ! »
Et tu partais sans prévenir… Tu t'échappais.

« Tu **rigoles**, maintenant que je te tiens, je ne vais pas te **lâcher** »
Tu *plaisantes* ! Je ne veux pas te *laisser partir*.

Jeu de rôles

Par équipe de deux, vous imaginez le dialogue entre deux personnes qui se retrouvent par hasard. Les personnes décident ou non de rester en contact.
Inventez les circonstances de la première séparation et les conséquences, s'il y en a…

Transcription

Félicie : Ferme la bouche. Assieds-toi bien.

Charles : Félicie !

Élise : Il part !

Félicie : Tu es en France ?

Charles : Ben oui, pas depuis longtemps. C'est ta fille ?

Félicie : Si tu savais comme je suis conne…

Charles : Tu sais t'aurais pu me le dire. J'aurais très bien compris.

Félicie : Mais non, mais c'est pas ça. Qu'est-ce que tu vas croire ? Je me suis trompée de ville.

Charles : Quoi ?

Félicie : Je me suis trompée de ville. J'ai dit «Courbevoie» au lieu de «Levallois».

Charles : Pourquoi ?

Félicie : Mais pour rien, comme ça. Par connerie. C'est un lapsus.

Charles : Non !

Félicie : Si !

Charles : Félicie, Dora.

Dora : Bonjour. Charles m'a parlé de vous. Mais c'est affreux cette histoire !

Charles : Et moi, j'ai fait la connerie de ne pas lui laisser d'adresse du tout, moi.

Dora : Et pourquoi ?

Charles : Pourquoi ? Parce que je ne restais pas à Cincinatti. J'aurais pu donner celle de Mac Pherson. Par lui, au moins, elle aurait pu me joindre.

Dora : Ça c'est bien de toi. Toi tu penses jamais que les autres puissent se tromper.

Charles : Mais non, là en l'occurrence c'est une erreur énorme. Écoute, si j'avais laissé une adresse au moins, je n'aurais pas eu ce problème. T'es marrante toi.

Charles : Eh, donne-moi ton adresse ! Je te téléphone. Pardon. La porte s'il vous plaît !

Félicie : Qu'est-ce que tu fais ! Tu es fou !

Charles : C'est toi qui es folle, laisse-moi au moins ton adresse !

Félicie : Tu as laissé ta femme dans le bus ?

Charles : Mais ce n'est pas ma femme, c'est une copine. Ne t'en fais pas pour elle. Écoute si tu ne veux pas me donner ton adresse, laisse-moi au moins te donner la mienne. Comme ça, tu n'auras pas peur que je trouble ta vie.

Félicie : Ah oui ! Et toi, tu n'as pas peur que je trouble la tienne, non ?

Charles : Moi, non. Je n'ai pas de femme dans ma vie en ce moment. Et en tout cas, pas d'enfant.

Félicie : Pas de femme ? Pas d'enfant ?

Charles : Mais ouais, pourquoi j'irais te raconter des histoires ?

Félicie : Pour la femme, je te crois, mais… pour l'enfant…

Charles : Non ! Tu ne vas pas me dire que c'est ma fille !

Félicie : Tu ne trouves pas qu'elle te ressemble ?

Charles : Et tu fuyais ! Mais, mais tu es folle !

Félicie : Je pensais que tu étais pris.

Charles : Mais enfin, même si je m'étais marié, ou je ne sais pas…

Félicie : J'aurais pas supporté.

Charles : Et comment s'appelle-t-elle ?

Félicie : Demande-lui.

Charles : Comment tu t'appelles ?

Élise : Élise.

Charles : Élise.

Félicie : Et toi, demande-lui comment tu t'appelles.

Charles : Comment je m'appelle ?

Élise : Papa.

Charles : Pap… Je dois rêver, c'est pas possible !

Félicie : Je lui ai montré tes photos.

Charles : Ah ! Dis donc ! Je n'en avais pas de toi.

Félicie : Tu m'as quand même reconnue.

Charles : Où tu habites ? Tu habites tout près d'ici ?

Félicie : Non même pas. Il faut que je reprenne le bus. Je vais chez ma mère. Et toi qu'est-ce que tu fais ?

Charles : Je ne sais pas, je ne vais nulle part. Je t'accompagne, si tu veux… À moins que…

Félicie : Tu rigoles, maintenant que je te tiens, je ne vais pas te lâcher.

Charles : Allez viens, on va prendre le bus. Tu viens ?

Conte d'hiver

23

Un grand théâtre de verdure

(L'arbre, le maire et la médiathèque)

Avez-vous compris ?

- Quels sont les différents lieux représentés dans la maquette ?
- Julien n'est pas d'accord pour mettre des arbres. Pourquoi ?
- Le projet comporte des éléments qui ne peuvent pas servir toute l'année. Lesquels ? Et pourquoi ?
- Quelle est la principale objection de Bérénice au projet ?
- Pourquoi donne-t-elle l'exemple de l'abbaye du Thoronet ?[1]
- Pour Bérénice, il faut « dépasser le fonctionnel ». Pourquoi ?
- Quel est le principal argument de Julien contre cette idée de Bérénice ?
- Dans quelle région de France se passe cette scène ?

Repérages

1. Description des lieux

   « Les bâtiments **s'étagent** »
   Ils sont disposés à des hauteurs différentes sur la colline.
   « La piscine est **découverte** »
   C'est une piscine *en plein air*.
   « C'est un **micro-climat** »
   Il y fait plus doux qu'ailleurs.

2. Localisation dans l'espace

   « En haut du terrain / tourné vers l'ouest / tout à fait en haut / un peu plus bas / tout autour / adossé à la piscine / tout à fait en bas du terrain / du côté de l'école »

3. Lexique

   « Cette partie là peut être **engazonnée** »
   Recouverte de gazon (herbe).
   « Les **gradins** sont en **béton** »
   Les *bancs* du théâtre (disposés en étages) sont en *ciment*.
   « Ces voitures laides qui **s'alignent** »
   Qui sont rangées en lignes.
   « C'est encore plus **moche** »
   C'est encore plus *laid* (familier).

4. Grammaire

   « Il faudra bien que vous **puissiez** ranger votre voiture »
   Subjonctif de *pouvoir*, après *il faudra que*.

---

1. L'abbaye du Thoronet est une belle abbaye Cistercienne, c'est-à-dire au style dépouillé, située en Provence.

5. Lexique

«Il y a des **contraintes**»

Des obligations.

Autre exemple : Pour apprendre une langue, il faut mémoriser les mots nouveaux, c'est une contrainte.

«Les voitures, au moins, elles sont individuelles, **clairsemées**...»

Espacées, elles ne sont pas disposées en masse.

6. Exprimer l'inutile

«Qu'est-ce que tu veux faire de la fantaisie ?»

La fantaisie ne sert à rien.

7. Syntaxe

«Des volumes qui ne sont pas **pensés utiles**»

Des volumes qui n'ont pas été pensés pour leur simple utilité, parce qu'ils étaient utiles.

8. Exprimer le désaccord

«Qu'est-ce que ça veut dire cette histoire de lieu qui ne sert à rien ?»

Je ne suis pas d'accord : un lieu doit servir à quelque chose, il doit être fonctionnel.

9. Lexique

«Avec l'argent du **contribuable**»

Celui qui paye des impôts (des contributions).

Discussion

Thème : Dans l'urbanisme et l'architecture, qu'est-ce qui est le plus important, le fonctionnel ou l'esthétique ?

Recherchez d'abord les arguments pour défendre chacun des points de vue.

À partir d'exemples pris dans votre pays, donnez des arguments pour et contre, en petits groupes. On peut faire la synthèse en grand groupe, ou organiser une table ronde.

Transcription

Julien : Elle est jolie cette maquette. C'est là où on était l'autre jour, tu vois, juste derrière... derrière l'école ? Et là, il y a l'arbre...

Bérénice : C'est extraordinaire, vous avez tout sculpté merveilleusement.

Julien : ...avec la perspective sur l'église et le clocher.

Bérénice : Toutes les maisons y sont.

Julien : C'est formidable.

Bérénice : Et alors là, c'est l'exacte proportion ?

L'Architecte : Oui, oui, c'est l'exacte proportion.

Bérénice : Et ça, c'est la piscine alors ?

L'Architecte : La piscine... oui la piscine, voyez, est en haut du terrain, et les différents bâtiments s'étagent, en suivant la pente du terrain qui est tourné vers l'Ouest. Donc la piscine est effectivement tout à fait en haut, avec le grand bain ici, le petit bain.

Bérénice : Et elle est découverte ?

L'Architecte : Elle est découverte. Euh elle est découverte, mais il y a un solarium… qui se trouve… le plus à l'Est.

Bérénice : Mais on ne peut se baigner alors… peu, finalement, deux, trois mois par an.

Julien : Ah, mais comment peu ? Non, on peut se baigner, quoi ? Cinq mois par an à peu près.

L'Architecte : Oui en tout cas c'est ce qui a été demandé. C'est une piscine en plein air.

Julien : Oui évidemment puisque c'est un micro-climat, là-bas.

Bérénice : Et ça, c'est le parking ?

L'Architecte : Ça, c'est le parking. Il y a plusieurs parkings : un en haut du terrain et, un qui se situe tout à fait en bas du terrain. Donc, la piscine en haut, ensuite, un peu plus bas et adossé à la piscine, le théâtre de verdure que l'on voit sur ces perspectives. Voyez, ça, c'est une vue qui est dessinée depuis… le théâtre : on trouve l'entrée vers la médiathèque et ici le gros arbre sur le terrain tout à fait en bas…

Bérénice : Et ça, ça c'est quelle matière, c'est du béton, les gradins ?

L'Architecte : Les gradins, oui, sont en béton.

Bérénice : En béton. Et là, c'est béton aussi ? Et ça aussi ?

L'Architecte : Non, la scène… la scène ici est en béton. Par contre cette partie-là peut être engazonnée ou ça peut rester en béton. Ce n'est pas encore fixé. Pour l'instant nous sommes encore dans les grandes lignes du projet et il va falloir apporter des précisions…

Julien : Mais là, je vois dans ce que vous avez dessiné, ce sont des petits arbres. Bon, d'accord évidemment ils vont grandir : dans quinze ans ils vont pousser, ils seront juste euh… Moi, je ne sais pas… si je suis vraiment pour. Je ne sais pas ce que vous allez me dire, ce que vous en pensez. De mettre des arbres dans cette zone. On est dans un village où tout autour il y a énormément de verdure, d'arbres qui sont centenaires, et tout à coup on se retrouve dans un contexte moderne, et d'avoir des petits arbres, je trouve que ce n'est pas très intéressant… Tiens, vois, Bérénice, tu vois, la pierre. Je vais te montrer une photo.

L'Architecte : Et les arbres, effectivement, sont des petits arbres, parce qu'ils viennent d'être plantés, en tout cas sur le dessin, mais…

Bérénice : Mais là, en tout cas, ils cachent le parking. C'est surtout ça.

Julien : Regardez, regarde la pierre.

Bérénice : Oui, mais enfin avant qu'ils poussent et qu'ils cachent le parking, il faudra au moins dix ans.

L'Architecte : Il se passera quelques années.

Bérénice : Oui, oui.

Julien : Regarde la pierre, ça c'est une pierre du pays, et alors tout le bâtiment, la façade, va être… revêtue de cette pierre. C'est beau, hein ?

Bérénice : Oui, oui, c'est très beau.

L'Architecte : Toute la façade extérieure, toute la façade qui est du côté de l'école. Comme on voit sur…

Bérénice : Et le théâtre de verdure, alors il ne peut être en fonction que quand il fait beau aussi ?

L'Architecte : Oui, oui, oui, c'est essentiellement un théâtre de plein air, avec quand même…

Bérénice : En hiver, il y a de la neige sur les gradins, quoi ?

Julien : Je ne sais pas s'il y a beaucoup de neige là-bas, écoute.

L'Architecte : Mais il est possible de le couvrir, hein néanmoins !

Julien : Ah cela dit c'est vrai, moi, j'ai connu des hivers quand même très très froids, là-bas.

L'Architecte : Ah oui.

Julien : Oui, terriblement froid.

Bérénice : Mais alors finalement, vous l'avez fait à l'échelle, c'est pas très haut, c'est assez bas de plafond. Finalement.

L'Architecte : Le bâtiment ?

Bérénice : Oui, le bâtiment.

L'Architecte : Ben le bâtiment fait six mètres de hauteur, mais ça correspond au programme… Hein c'est-à-dire…

Bérénice : Et les parkings, les parkings ? Vraiment, vous êtes sûr qu'il faut que ce soit là…

Julien : Ah, les parkings, on est obligé d'en faire…

Bérénice : … ces mètres carrés de parking monstrueux, avec toutes ces voitures laides dessus, là, qui s'alignent.

L'Architecte : Toutes les voitures ne sont tout d'abord pas nécessairement laides. En plus…

Bérénice : Ah, si, si, elles sont vraiment laides, surtout la multitude sur ces surfaces en béton, comme ça. Quand c'est vide, c'est moche, et quand c'est plein, c'est encore plus moche.

L'Architecte : En plus, il est nécessaire de stationner. Le jour où vous viendrez assister à un spectacle, où vous viendrez à la piscine…

Bérénice : Oui, mais j'aimerais que justement euh…

L'Architecte : …il faudra bien que vous puissiez poser votre voiture quelque part.

Bérénice : Ce ne pourrait pas être souterrain, toutes ces choses moches ?

Julien : Oui, mais il a des contraintes, écoute.

L'Architecte : On pourrait faire un parking souterrain, mais je ne sais pas si le budget le permet, en tout cas…

Bérénice : Ah écoutez-moi, je trouve que… s'il y a une chose importante dans le budget, c'est bien de cacher ces horribles voitures. Ça sera moche, c'est moche, c'est un espace mort…

Julien : À Paris, devant ta maison, il y a toujours des voitures…

Bérénice : Ben c'est moche mais au moins elles sont individuelles, clairsemées, tandis que là, ces grands parkings. Personne n'aime les parkings. Est-ce que les touristes vont visiter les parkings ? Non.

L'Architecte : Mais voyez ce sont deux petits parkings. Il y en a un en haut du terrain, soixante-dix places environ. En bas, une vingtaine de places. On peut même penser qu'il n'y en a pas assez d'ailleurs, mais…

Bérénice : Peut-être, mais enfin il faut trouver une solution. Moi, je trouve ça horrible et je trouve que ça détruit en plus la beauté de votre projet qui n'est… D'ailleurs si je devais en dire un mot, je le trouve un peu trop fonctionnel. Vous n'avez aucune fantaisie qui sorte de… Tout est utilitaire.

Julien : Mais enfin, qu'est-ce que tu veux faire de la fantaisie ? Ça ne va pas !…

Bérénice : Mais, écoute !

Julien : Tu veux mettre des ornements, tu veux mettre des statues, comme ça ?…

Bérénice : Je dis pas des statues, mais quand on va voir les abbayes du Thoronet, il y a des hauteurs de plafond extraordinaires, des volumes qui ne sont pas pensés utiles, tandis que là, tout est pensé utile.

L'Architecte : Ils sont justement pensés très utiles. Ils sont pensés, pour le cas de cette abbaye, par rapport à la sonorité, par rapport au chant, par rapport au volume nécessaire à l'exercice spirituel.

Bérénice : Peut-être mais voilà, la spiritualité, ça c'est très beau, mais…

Julien : Ce n'est pas un lieu spirituel !

Bérénice : Eh bien si, parce que c'est un lieu culturel, qui doit inspirer, symbolique… symbolique.

L'Architecte : La spiritualité est présente… quand même dans le dessin de cet espace, qui est un espace assez fermé, avec le théâtre, en face de la médiathèque, quelque chose qui est de l'ordre du théâtre ancien, avec un peu comme dans les théâtres romains, la porte qui se trouve juste en face de l'autre théâtre, ici…

Julien : Le théâtre de verdure.

L'Architecte : Grand théâtre de verdure. Les possibilités de jeux sur les passerelles ici, autour du bâtiment… Et quelque chose qui est justement voulu comme… extrêmement dépouillé, du côté intérieur… Peu de présence de la pierre locale. Simplement dans le porche d'entrée, dans quelques vues latérales, et puis, des échappées aussi, vers le village…

Julien : Ah ! oui, il y a une échappée, là, qui est très belle.

Bérénice : Mais vous n'avez pas eu envie, comme ça, de créer un lieu qui ne servirait à rien ?

L'Architecte : Ça…

Julien : Mais écoute, tout lieu a une fonction. Qu'est-ce que ça veut dire cette histoire de lieu qui ne sert à rien ? De toute façon… avec l'argent du contribuable en plus…

Bérénice : Mais moi, je trouve que la modernité c'est justement ça. Toujours penser fonctionnel, fonctionnel, fonctionnel !

Julien : Non, non. Mais pour les privés, tu fais dans une maison privée quelque chose qui sert à rien d'accord…

Bérénice : Toujours le minimum. Pas de… Pas de surface perdue.

Julien : Moi, j'aime ce projet.

L'Architecte : Il y a beaucoup de surface perdue. Regardez ça, d'une certaine manière, ça ne sert à rien.

Bérénice : Ah ! Ce qui est perdu, c'est les surfaces de parking, ça alors !

Julien : Ce que j'aime, c'est qu'il s'intègre dans une sorte de plaine qui est très vendéenne. C'est un esprit extrêmement vendéen[1]. Moi, j'aime ce projet. À la folie !

L'arbre, le maire et la médiathèque

---

1. La Vendée, une région située à l'Ouest de la France.

8 Le poumon vert du monde

(*L'arbre, le maire et la médiathèque*)

Dans cette discussion les deux femmes, Blandine et Bérénice, et le directeur d'un journal donnent leurs points de vue sur l'écologie.

Les Verts sont les sympathisants ou partisans d'un mouvement ou d'un parti écologique.

Le poumon vert du monde est une métaphore qui désigne la forêt amazonienne. Le poumon est l'organe qui permet de respirer. La *pollution* est la dégradation de l'air ou de la nature.

Avez-vous compris ?

- Dans cette discussion qui est pour, et qui est contre le parti des écologistes ?
- Bérénice est optimiste : quel argument prouve cet optimisme ?
- Comment Blandine répond-elle à cet argument ?
- D'après Bérénice, qu'est-ce qui est le plus polluant sur terre ? Et d'après Blandine, quelle action de l'homme est une source de pollution ?
- Bérénice pense-t-elle que l'Amazonie est le poumon vert du monde ?
- Les deux femmes ont une discussion très technique à propos d'une substance. Laquelle ?
- Avec quel argument le directeur arrête-t-il cette discussion ? Et comment Bérénice s'excuse-t-elle ?

Repérages

1. Exprimer la cause

   «L'écologie est une entreprise **d'autant plus** dangereuse **qu**'elle est conservatrice, réactionnaire même»

   L'écologie est dangereuse parce qu'elle est conservatrice.

2. Grammaire

   «**L'idéal est que** le monde ne **bouge** pas et même qu'il **revienne** à ce qu'il était il y a cent ans»

   On emploie le subjonctif parce que la formule *l'idéal est que* exprime la volonté, le désir.

3. Trois manières d'éviter de répondre à un argument :
   - Demander une définition :
   «Qu'est-ce qu'un "bon" et "mauvais" sens ?»
   - Repousser une éventualité :
   «On n'en est pas encore là»

• Envisager un cas extrême :
« Si on doit mourir, mourons ! »

4. Lexique

« La survie, elle est **mesquine, dégradante**,... c'est **lamentable** »
Adjectifs à valeur péjorative pour désigner une situation médiocre.

« Je ne crois pas à tous ces **prophètes de malheur** »
Les personnes qui prédisent des catastrophes.

« Une espèce complètement **ratée** »
Qui a échoué, qui n'a pas réussi.

« Les **nuisances** provoquées par l'homme »
Du verbe *nuire*, ce qui cause des dommages, des inconvénients.

« Les (écolos) simplifient avec une **mauvaise foi confondante** »
La mauvaise foi : le manque de sincérité.
Confondant, du verbe confondre : ici, stupéfier, étonner.

« L'homme empêche la nature de **déclencher** ses propres défenses »
Mettre en mouvement.

« Une discussion du café du commerce »
Discussion banale, de bas niveau, telle qu'on peut en avoir dans un café pour passer le temps.

5. Comment argumenter

Les formules qui permettent d'enchaîner les arguments

• Reprendre un sujet de conversation :
« Où en étions-nous ? » – « Pour en revenir aux idées générales »

• Exprimer un désaccord total :
« Ah ! Je regrette » – « La voilà l'Amazonie ! »
« Je ne suis pas du tout d'accord » (hors texte) – « Comment ça ? »

• Exprimer un désaccord partiel :
« Peut-être mais… » – « Je ne suis pas tout à fait convaincue »
« Ah mais pas toujours ! » – « Pas tout à fait » – « Peut-être oui, mais enfin très peu ».

• Exprimer une objection :
« Mais vous n'avez pas l'impression de… ? » – « Vous ne trouvez pas ça un peu simpliste ? » – « Oui mais… le problème c'est que… »

• Exprimer son accord :
« Oui c'est vrai ».

Débat

Qu'est-ce qui est le plus dangereux, les catastrophes naturelles ou celles provoquées par l'homme ?
Vous choisissez un rôle, même si vous n'êtes pas convaincu(e). L'essentiel est de bien introduire vos arguments en vous référant à la liste ci-dessus.

Transcription

Le Directeur : Oui, pour en revenir aux idées générales, l'écologie politique est une entreprise d'autant plus dangereuse, qu'elle est conservatrice, réactionnaire même, en son fond. Pour les Verts, l'idéal est que le monde ne bouge pas, et même qu'il revienne à ce qu'il était il y a cent ans. Depuis l'origine de l'Univers, nous sommes embarqués dans un processus d'évolution qu'il n'appartient à personne d'arrêter. C'est une donnée fondamentale de l'évolution des êtres vivants, une vérité première, banale, tout le monde devrait être d'accord là-dessus. Eh bien non !

Julien : Bon et bien, si cette évolution, elle va dans le mauvais sens ?

Le Directeur : Qu'est-ce qu'un «bon» et «mauvais» sens ?

Julien : Je veux dire, si par exemple, la planète explose ou devient radioactive, hein, on ne peut pas dire que ça va dans le bon sens.

Le Directeur : On n'en est pas encore là.

Julien : Mais enfin on peut y arriver, on ne sait jamais…

Bérénice : Oh écoutez, bon ben, si on doit mourir, mourons, hein ! Non franchement, si la vie ne bouge pas, je crois que la vie ne vaut pas la peine d'être vécue. C'est vrai, moi je refuse de vivre uniquement pour organiser ma «survie». La survie, la survie, quel mot affreux ! C'est vrai, si survivre est le seul idéal qu'on nous propose, ben autant mourir tout de suite, vive le suicide ! C'est vrai, un suicide un peu en beauté, tandis que la survie ça a toujours un côté… elle est toujours mesquine, enfin dégradante. C'est lamentable. Mais écoutez, de toute façon, je ne crois pas à tous ces prophètes de malheur… L'homme n'est quand même pas une espèce complètement ratée et moi je crois que le monde vivra, il vivra, il bougera, il se développera et dans le bon sens. Bien sûr. Écoutez, depuis l'origine des temps, tous les êtres vivants se sont toujours adaptés à leur milieu. Et bien l'homme s'adaptera au gaz carbonique, et peut-être même aux radiations…

Blandine : Ben !

Bérénice : …hein, ben oui, comme les poissons se sont adaptés à l'eau.

Blandine : Mais vous n'avez pas l'impression de confondre deux choses. D'une part l'évolution naturelle de l'univers, et d'autre part les nuisances provoquées par l'homme qui introduit un paramètre nouveau : sa volonté, essentiellement perverse, même à son insu.

Bérénice : Peut-être, mais donc la loi naturelle cède à la technologie. Eh bien, je dis que, comme remède à la technologie, il faut plus. Davantage de technologie.

Blandine : Oui je connais cette formule, mais je ne suis pas tout à fait convaincue. Vous ne trouvez pas ça un peu simpliste ?

Bérénice : Ah ben simple, ça évidemment rien n'est simple. Non mais ce sont les écolos qui simplifient avec une mauvaise foi confondante. C'est vrai. Mais si par exemple tout le monde sait que les cataclysmes naturels sont mille fois plus polluants que les catastrophes occasionnées par l'homme…

Blandine : Oui mais la nature peut déclencher elle-même ses propres défenses.

Bérénice : Ah mais pas toujours.

Blandine : Comment ça pas toujours ?

Bérénice : Non, parce qu'il y a eu, dans des époques lointaines, des éruptions volcaniques, des tremblements de terre, des déluges, des chutes d'aérolithes, qui ont été mille fois plus, enfin dont les effets ont été mille fois plus polluants que, par exemple je ne sais pas moi, euh… Tchernobyl.

Blandine : Le problème, c'est qu'une fois de plus l'homme empêche la nature de déclencher ses propres défenses. Qu'est-ce qu'il fait ? Il rase les forêts.

Bérénice : Ah ! Je regrette, on en replante aussi. Il y a beaucoup plus de forêts maintenant qu'il y a deux siècles.

Blandine : Pas en Amazonie.

Bérénice : Oh ! En Amazonie ! La voilà l'Amazonie ! Ben écoutez, moi je suis tout à fait pour l'Amazonie… C'est vrai, les indiens, la vie primitive, les serpents, les mygales les crocodiles, les piranhas. Je suis pour, pour, pour. Mais, qu'on vienne nous dire, que l'Amazonie est le poumon vert du monde, c'est faux. La chlorophylle, rejette la nuit le gaz carbonique qu'elle a, enfin, qu'elle a absorbé la journée.

Blandine : Pas tout à fait. Parce qu'une partie du carbone absorbé ne retourne pas dans l'air. Il aide à se former la substance végétale qui va se fixer, plus tard, dans le sol, attention, sous forme de houille ou d'hydrate de carbone… Je suis bonne hein !

Bérénice : Peut-être, oui, mais enfin très peu. C'est mineur.

Blandine : Comment ça mineur ? Mais si on brûlait tout le charbon, tout le pétrole accumulé sur la terre depuis le début des temps elle retournerait tout simplement à son état primitif, lorsqu'elle était entourée d'une ceinture atmosphérique, uniquement composée de gaz carbonique : $C + O_2 = CO_2$, comme on apprend au lycée. Je suis bonne…

Bérénice : Oui, mais il y a un autre fixateur de carbone : le calcium. Et oui. De quoi sont formées… les roches calcaires ? Ben oui, sinon d'une accumulation, enfin, de coquilles d'animaux marins des premiers âges. Si vous voulez retourner à l'atmosphère primitive, comme vous dites, eh bien il faudrait extraire le carbone… de l'ensemble du carbonate de calcium de l'écorce… l'écorce terrestre.

Le Directeur : Mesdames, votre science me confond.

Bérénice : Oui, c'est vrai. On vous fait perdre votre temps avec des discussions du café du commerce.

L'arbre, le maire et la médiathèque

9 Le maire est un homme de la ville

(*L'arbre, le maire et la médiathèque*)

Avez-vous compris ?

- L'instituteur n'est pas d'accord avec la politique du maire. D'après lui, quel est le véritable but du projet du maire ?
- Qui est responsable de cette politique ?
- Est-ce qu'il pense que la journaliste reproduira tous ses propos ? Que lui dit-il ?
- Que deviendra le village d'après lui ?
- Blandine trouve une excuse au projet du maire. Laquelle ?
- L'instituteur accuse la politique agricole du gouvernement. Avez-vous retenu un des effets pervers de cette politique ?
- Est-ce qu'il pense que le maire est vraiment un terrien ? Quelle preuve donne-t-il pour justifier son point de vue ?
- L'instituteur compare la situation actuelle à celle d'une époque passée de l'histoire de France. Laquelle ?
- Pourquoi ne se présente-t-il pas aux élections ?

Repérages

1. Expressions lexicales
   « Les fermes...qui coûtent **une bouchée de pain** »
   Qui coûtent *très peu*.
   « J'ai ma petite idée »
   Je connais l'explication.

2. Lexique
   « Monsieur le Maire qui a **l'aval** de Monsieur le Ministre »
   Qui a *l'autorisation*.
   « Il faut **à tout prix** créer de l'animation »
   Il faut absolument, par n'importe quel moyen.

3. Grammaire : les préfixes *in*, *ré*, *dé*
   « La campagne est **in**animée » (sans animation)
   « Il faut nous **ré**animer » (donner de l'animation)
   « L'État qui **dé**responsabilise les individus » (enlever la responsabilité)

4. Lexique
   « Des gens **assistés** »
   Des personnes qui attendent tout de l'État.

5. Culture
   « L'effet pervers du socialisme, c'est une **interprétation** presque **démodée** »
   On a tort de penser que c'est le socialisme qui déresponsabilise l'individu, c'est l'État en général, quel que soit le régime.

6. Lexique
   « Vous **couperez** »
   Vous enlèverez les passages (qui ne conviennent pas à votre journal).

7. Grammaire

«Cette contribution, **qu'elle se fasse** un jour ou non…»
Même si elle se fait ou non. On emploie le subjonctif parce qu'on envisage une action éventuelle.

8. Expressions lexicales

«Ce n'est pas seulement **de la poudre aux yeux** élêctorale»
Quelque chose destiné à embellir la vérité pour mieux la cacher. Ici, pour tromper les électeurs.

«Une politique qui est d'**urbaniser insidieusement** le village»
Le transformer en ville, sans que les gens s'en rendent compte.

«Ce n'est pas le maire **qui fait fuir** les agriculteurs»
Qui les fait partir à la hâte pour échapper à une situation mauvaise.

«Aurait-on **prévu** les événements…»
Du verbe *prévoir*, voir à l'avance ce qui arrivera dans le futur.

9. Différentes manières de désigner une maison

«Si on construit cette **baraque**»
Ici c'est un bâtiment. Le terme est péjoratif. Au premier sens, une baraque est une petite maison en planches.

«Une **résidence secondaire**»
Du verbe *résider* (habiter). Une maison qui n'est pas l'habitation principale, et qui est située à la campagne, à la mer ou à la montagne.

«Un **manoir** en Vendée»
Une grande demeure, un petit château à la campagne.

«Un **hôtel particulier** à Versailles»
Demeure en ville d'un notable ou d'une personne très riche.

10. Quelques termes du vocabulaire politique

«Les élus» : ceux qui ont été élus par le peuple.
«Les électeurs» : ceux qui élisent (du verbe *élire*).
«Les **élections**», «La **campagne électorale**»
«Je trouve qu'elle a **la tête politique**»
Elle sait se comporter d'une manière habile pour arriver à son but.

Discussion / Interview

1. Comment voyez-vous l'avenir de votre pays du point de vue des villes et de la campagne ?
Par petits groupes, faites des hypothèses sur ce qui arrivera dans le futur. Analysez d'abord la situation actuelle. Faites ensuite un compte rendu à la classe.

2. Faites l'interview d'un homme politique de l'opposition, c'est-à-dire qui critique la politique du pouvoir actuel.
Imaginez les questions et les réponses et jouez l'interview devant la classe.

Transcription

Instituteur : Vous pensez bien qu'on ne va pas construire un nouveau bâtiment pour les quinze lecteurs que compte actuellement la bibliothèque. Enfin l'ancien suffit largement. Et puis si un jour c'est trop étroit on pourra toujours la déménager dans une des fermes à vendre du village, qui coûtent une bouchée de pain. Ce que l'on cherche, ce n'est pas satisfaire les besoins « culturels » des habitants de Sainte-Juire, mais faire venir d'autres gens. D'où ? Lesquels ? C'est très vague… Peut-être pas si vague que ça, au fond. J'ai ma petite idée.

Blandine : Laquelle ?

Instituteur : Je vous dirai. Ça, c'est la politique de Monsieur le Maire, qui a l'aval de Monsieur le Ministre de la Culture, qui a l'aval de Monsieur le Président de la République. Il faut à tout prix créer de l'« animation » dans les campagnes, de l'« animation ». Pour les gens de la ville, la campagne est « inanimée ». Il faut nous réanimer. C'est… C'est l'effet vraiment pervers du socialisme, c'est une interprétation presque démodée. C'est l'effet pervers de l'État qui déresponsabilise les individus en leur donnant la sensation que tout viendra de là-haut. Ce qui les fait être réduits à des gens assistés qui dépendent de décisions et qui les empêche d'exister individuellement. Je pense que vous… que je sors du sujet ?

Blandine : Non, non.

Instituteur : Vous couperez.

Blandine : Pas forcément.

Instituteur : Si, si, si, j'en suis sûr, vous couperez, parce que je vais vous raconter quelque chose maintenant qui se rapporte davantage à notre affaire mais qui n'en est pas moins plus général. Vous couperez aussi, mais tant pis, parce que la chose mérite d'être vue sous cet angle-là.

Blandine : Allez-y, dites.

Instituteur : Bon, voilà, en fait, cette construction, qu'elle se fasse un jour ou non, et je garde encore l'espoir qu'elle ne se fera pas, ce n'est pas seulement de la poudre aux yeux électorale, c'est ça qui est grave. Ça fait partie d'une politique qui est d'urbaniser insidieusement le village. Le maire prévoit que dans quarante ou cinquante ans, peut-être moins, il n'y aura plus de cultivateurs du tout dans la commune. Ce sera donc une zone urbaine, la banlieue lointaine d'une petite ville, Luçon, qui sera la banlieue d'une grande ville, Nantes, elle-même banlieue… déjà plus si lointaine de Paris.

Blandine : Enfin, tout de même, ce n'est pas le maire qui fait fuir les agriculteurs, c'est un fait qu'on est bien obligé d'accepter.

Instituteur : Je n'en suis pas absolument persuadé. Qu'est-ce qui se passera dans quarante ans ? Qu'est-ce qui se passera dans quarante ans ? Aurait-on prévu les événements qui se sont passés dans le monde ces trois dernières années ?

Blandine : Dans le domaine politique, non, je suis d'accord avec vous. Mais dans l'économique les prévisions sont beaucoup plus faciles.

Instituteur : Non, non, non, non, pas, pas beaucoup plus. On se trompe, on s'est trompé, on se trompera toujours, eh si, on se trompera toujours. Avait-on prévu les effets catastrophiques de la monoculture, de la suppression des haies, des engrais chimiques ? Qui nous prouve que le tiers monde va continuer à nous livrer, pour presque rien, ses matières premières ? Pourquoi je devrais aller acheter des poires en Nouvelle-Zélande, alors qu'elles sont bien meilleures ici ? Ben ! pour faire marcher les transports, pour faire voler les avions qui polluent l'espace, rouler les trains qui consomment de l'énergie atomique, construire des routes qui occupent 58 % du sol de la planète, aujourd'hui, Mademoiselle. 90 % des fléaux du monde moderne nous viennent de la folie de déplacement des hommes et des marchandises. Parce que, si la campagne n'est plus cultivée, ce ne sera plus la campagne. Pourquoi les gens vont-ils à la campagne ? Les gens vont à la campagne, si la campagne devient la ville, les gens n'iront plus, enfin moi, je n'irai plus. Si on construit cette baraque, je demanderai ma mutation. Je vais vous dire, contrairement à ce qu'il prétend, le maire est un homme de la ville. S'il était vraiment un «terrien», comme il dit, il s'établirait ici à longueur d'année et exploiterait lui-même ses terres. Son château n'est qu'une résidence secondaire. Actuellement la majorité des maires de villages sont propriétaires de résidences secondaires. Vous trouvez ça normal ? Non mais je veux dire, on se croirait sous l'Ancien Régime, où le seigneur avait son manoir en Vendée, son hôtel particulier à Versailles. Moi, on m'a vraiment supplié, mais vraiment supplié de me présenter aux municipales. J'ai toujours refusé. Pourquoi ? Pour avoir la paix ? Pas seulement. Non, non, non sincèrement, pas seulement. Parce que, parce que je ne suis pas un enfant du pays. Parce que les gens qui sont nés ici ont plus de droits que moi de s'occuper des affaires de leur commune. Mais, au fond, moi qui depuis dix ans réside ici, travaille ici, partage la vie des gens d'ici, j'ai plus de droits que Dechaumes de me présenter.

Blandine : Alors, présentez-vous.

Instituteur : Non.

Blandine : Pourquoi ? Ce serait normal qu'un instituteur participe au conseil municipal.

Instituteur : Je ne serai pas élu. J'ai horreur de la politique. Je ne me présenterai jamais. Si quelqu'un se présente dans ma famille ce ne sera pas moi.

Blandine : Qui ? Votre femme ?

Instituteur : Non, ma fille, elle a dix ans. C'est une petite plaisanterie mais je trouve qu'elle a la tête politique.

L'arbre, le maire et la médiathèque

La «tête politique» de Zoé
(L'arbre, le maire et la médiathèque)

Avez-vous compris ?

- Véga et Zoé se connaissent depuis longtemps ?
- C'est le père de Zoé qui a envoyé sa fille parler au maire ?
- Est-ce que l'interview de l'instituteur est passée dans le journal ?
- Zoé est-elle du même avis que son père ?
- Que pense-t-elle du projet du maire ?
- Que propose-t-elle à la place de la construction de nouveaux bâtiments ?
- Que lui répond le maire ?
- Est-ce que Zoé est contre le théâtre ?
- D'après elle, qu'est-ce qui manque le plus au village ? Et pourquoi ?
- Que pense le maire de ses idées ?

Repérages

1. Grammaire. Quelques verbes pronominaux :
   « Tu **t'es trouvé** une copine »
   Tu as trouvé une copine pour toi.
   « Comment est-ce que **vous vous êtes rencontrées** ? »
   Du verbe *se rencontrer*, verbe réciproque (l'un l'autre).
   « Amusez-vous bien »
   L'impératif du verbe *s'amuser*.

2. Donner un conseil
   « Tu **n'as qu'à** aller le lui dire »
   « Il **n' a qu'à** s'adresser à moi »
   De l'expression n'*avoir qu'à*. Signifie : il faut, c'est la solution.

3. Lexique
   « C'est lui qui t'a **chargée de**… »
   C'est lui qui t'a *demandé de*…

4. Exprimer son incrédulité
   « Tu ne vas pas me faire croire qu'il a peur de moi »
   Je ne crois pas cela, c'est impossible.

5. Exprimer son opinion
   « Je suis pour qu'on le **dise** face à face »
   Dise est le subjonctif de *dire*.

6. Exprimer son incapacité à trouver une solution
   « Qu'est-ce que tu veux que je te dise ? »
   Je n'ai rien d'autre à dire. On n'y peut rien.

7. Lexique
   « …avoir une piscine **à deux pas de** chez soi »
   Tout près de là où on habite.

« Il faut **inciter** les troupes théâtrales de Paris à venir »
Leur donner l'envie de venir.
« Les autres, qu'est-ce qu'ils ont **à part** leur tout petit jardin ? »
Excepté leur jardin.
« Tout est clôturé avec des **barbelés** »
Fils de fer garnis de pointes.
8. Une manière d'atténuer ses propos
« Ce n'est **pas si sot**... c'est même **pas sot du tout** »
C'est intelligent ce que vous dites.

Analyse

Comparez les points de vue du maire, de l'instituteur et de Zoé
et caractérisez leurs personnalités.
Vous pouvez expliquer leurs points de vue par les aspects sui-
vants de leur personnalité :
Le maire et l'instituteur : le statut – la classe sociale – l'appar-
tenance politique – le caractère ou l'ambition.
Zoé : son âge – ses besoins et habitudes d'enfant – ses lectures
– son caractère.
Mettez en commun vos analyses.

Transcription

Zoé : Tampon !
Véga : Oh !... Ah ! papa...
Julien : Hop-là... ça va ?
Véga : Oui.
Julien : Tu t'es trouvé une copine ?
Véga : Oui, elle s'appelle Zoé.
Zoé : Zoé Rossignol.
Julien : Bonjour Zoé Rossignol. Ah ! Vous êtes la fille de Monsieur
Rossignol, le directeur de l'école ?
Zoé : C'est ça.
Julien : Et comment est-ce que vous vous êtes rencontrées ?
Véga : Ben, elle passait à vélo. Alors...
Julien : Bon ben, écoutez, amusez-vous bien. À tout à l'heure.
Zoé : Monsieur, monsieur, je pourrais vous dire un mot ?
Julien : Mais oui, quoi ?
Zoé : À propos du projet.
Julien : Du projet ? Du projet de la médiathèque, c'est ça ? Oui,
je sais ton père n'est pas d'accord, j'ai lu le journal. Mais s'il n'est
pas d'accord c'est qu'il a son opinion, et c'est bien comme ça.
Moi je suis pour la discussion. Tu n'as qu'à aller le lui dire. C'est
lui qui t'a chargée de...
Zoé : Non, non pas du tout.
Julien : Non ? Ben il n'a qu'à s'adresser à moi directement, je te
le répète, je suis à son entière disposition, d'accord ?

Zoé : Mais il ne veut pas.

Julien : Quoi ? Il ne veut pas. Il ne veut pas parler ? Tu ne vas pas me faire croire…qu'il a peur de moi, quand même ?

Zoé : Ce n'est pas ça. Il dit que ça ne sert à rien.

Julien : Quoi, de parler, de discuter ? Mais moi, je suis pour la conversation, je suis pour le dialogue et un instituteur, il devrait l'être tout autant. Tu ne crois pas ? Mais cela dit, il a son opinion, il ne changera pas, il a dit ce qu'il avait à dire. Mais moi, je suis pour qu'on le dise face à face. Voilà, tu ne penses pas ?

Zoé : Mais dans le journal, on l'a beaucoup coupé !

Julien : Et ben oui, on l'a beaucoup coupé, mais moi aussi on m'a beaucoup coupé. Mais cela dit, je ne changerai pas d'opinion, j'ai dis ce que j'avais à dire, hein !

Zoé : Mais il ne veut pas parler.

Julien : Et bien si il ne veut pas parler, qu'il ne parle pas. Et puis voilà. Qu'est-ce tu veux que je te dise ?

Zoé : Mais moi j'aimerais parler.

Julien : Ah ! Ah ! Pour lui ?

Zoé : Pour lui et pour moi.

Julien : Ah ! tu veux parler pour toi, en ton nom personnel hein ? Bon alors viens, on va s'asseoir. Qu'est-ce que vous avez à dire, mademoiselle ?

Zoé : D'abord que je suis pas tout à fait d'accord avec papa.

Julien : Ah !

Zoé : Je trouve qu'il est trop pessimiste.

Julien : Alors donc ça veut dire que tu es pour le projet ?

Zoé : Non, encore… moins que lui.

Julien : Moins que lui, ça me paraît difficile. Il est totalement contre.

Zoé : En parole, mais il laisse faire. Moi je veux me battre.

Julien : Contre moi ?

Zoé : Contre tout le monde et contre personne.

Julien : Ah ! Et de quelle façon ?

Zoé : En discutant. Vous dites que vous êtes pour la discussion. Vous n'êtes pas trop pressé ?

Julien : Ah ben non ! J'ai du temps, j'ai quelques minutes, ça ne va pas durer des heures ?

Zoé : Non non, c'est très court.

Julien : Alors je t'écoute.

Zoé : Voilà, je trouve que ce projet n'est pas tellement nécessaire.

Julien : Bon alors là je t'arrête de suite. Ça serait quand même formidable…d'avoir une piscine à deux pas de chez toi. Tu ne seras pas obligée de faire cinq kilomètres pour aller nager.

Zoé : Ça fait une petite balade à vélo, c'est pas indispensable qu'elle soit tout près.

Julien : Bon. Et la médiathèque, ça ne t'intéresse pas non plus ?

Zoé : D'abord, elle est trop grande et puis elle est tellement moche.

Julien : Et la vidéothèque avec une dizaine d'écrans télé ? Tu pourras voir des films qui ne passent jamais à la télévision.

Zoé : Moi je trouve que c'est complètement idiot de détruire ce pré pour y mettre quelque chose qui serait aussi bien ailleurs. Dans le village il y a des maisons à vendre pour presque rien.

Julien : Je vais te dire quelque chose que tu ne sais certainement pas. Il est beaucoup plus facile de trouver de l'argent pour construire du neuf que pour restaurer de l'ancien. J'ai obtenu un financement pour un programme cohérent. Je n'aurais pas pu obtenir cet argent pour des opérations isolées ou ponctuelles. Bon pour des raisons que je ne peux pas t'expliquer, car ce serait trop long, le ministère de la Culture a été intéressé à ce projet parce que justement, il regroupait des activités.

Zoé : Moi, je ne suis pas d'accord. Le ministère se trompe, c'est complètement idiot de vouloir toujours tout grouper. Et en plus ça ne sert à rien. Puis je ne vois pas du tout pourquoi on met un théâtre. Il y a déjà une salle des fêtes à Saint-Juire, n'est-ce pas ?

Julien : D'accord, mais c'est un hangar.

Zoé : Eh ben, on peut l'aménager !

Julien : Ah ben ça coûterait très cher. Hein ! pour que ce soit propre. Il faut quand même inciter les troupes théâtrales de Paris à venir dans un lieu qui ne soit pas inconfortable et sans acoustique.

Zoé : Et en plein air, c'est mieux ?

Julien : Mais bien sûr, il n'y a pas de réverbération. Tu sais, c'est comme un théâtre à l'antique. Comme à Arles ou à Orange, tu connais ?

Zoé : Mais s'il pleut ?

Julien : Mais enfin, il ne pleut pas toujours !

Zoé : Ici il pleut souvent, plus que dans le midi.

Julien : Mais vous êtes vraiment pessimiste hein, vous aussi.

Zoé : Mais non, mais je trouve que c'est complètement idiot de détruire un pré pour y mettre quelque chose qui serait aussi bien ailleurs.

Julien : Le pré a été cédé à la ville. Il faut bien en faire quelque chose. Bon alors en ce moment, il y a des vaches, mais l'année prochaine, il n'y en aura plus. Qu'est-ce que vous y mettriez ?

Zoé : Moi j'ai une théorie. Mais vous êtes mal placé pour comprendre.

Julien : Mal placé, mais pourquoi ?

Zoé : Parce que je crois qu'il y a quelque chose qui manque au village encore plus que la médiathèque.

Julien : Hum… Mais quoi ?

Zoé : Des espaces verts.

Julien : Des espaces verts ? Mais enfin des espaces verts, il y en a partout. On est entourés d'espaces verts, on est à la campagne.

Zoé : Justement, il y en a dans les villes mais pas dans les campagnes. Vous, vous avez votre parc, mais les autres, qu'est-ce qu'ils ont à part leur tout petit jardin ?

Julien : Hum…

Zoé : Quand je lis les histoires d'autrefois, je vois que les enfants allaient dans les prés, qu'on pouvait y cueillir des fleurs, chasser les papillons et les coccinelles. Maintenant… tout est clôturé avec des barbelés. Et puis de toute façon, si on réussit à entrer, il y a… des chiens qui vous courent après. Alors pourquoi, les gens qui ont des enfants iraient à la campagne ? S'il n'y a plus de prés ni de champs ni de bois, il n'y a plus rien.

Julien : Hum… Non mais ce n'est pas si sot ce que vous dites, c'est même pas sot du tout, mademoiselle.

L'arbre, le maire et la médiathèque

Et si on allait à la campagne !

(Conte de printemps)

Avez-vous compris ?

- Est-ce que Natacha va souvent à la maison de Fontainebleau ?
- Pourquoi veut-elle en profiter au maximum ?
- Qui s'occupe de la maison ?
- Dans la maison il y a un détail que Natacha n'aime pas. Lequel ?
- Jeanne est-elle de son avis ?
- Quels sont les aspects du jardin dont elles parlent ?
- Pourquoi Natacha se met-elle à parler de sa mère ? Résumez son sentiment actuel pour sa mère.

Repérages

1. Faire une proposition
   «Et si on allait à la campagne !»

2. Grammaire
   «Je voudrais **en profiter** au maximum avant qu'elle **soit vendue**»
   En profiter : profiter de la maison.
   Avant que est suivi du subjonctif.

3. Donner une indication de direction
   «**Arrivée** à la Seine, tu tourn**eras** à gauche»
   (Quand tu seras) arrivée… tu tourneras (futur).

4. Faire un reproche
   «Et tu pourrais m'attendre !»

5. Exprimer l'admiration
   «Qu'est-ce que c'est beau ! »
   Familier pour : comme c'est beau !

6. Grammaire
   «Je ne trouve pas que ça **ait** l'air tellement à l'abandon»
   Trouver, penser, croire à la forme négative peuvent être suivis du subjonctif.

   «Mon père **s'en est** tout de même pas mal **occupé** l'année dernière»
   Observer le groupe verbal et la place du pronom et des adverbes qui l'accompagnent.
   Il s'*en* est occupé : il s'est occupé *du jardin.*
   Tout de même : malgré tout.
   Pas mal : assez, beaucoup.

   «Je **crains que** cette année, ça ne **soit** pas pareil»
   Le verbe *craindre* (avoir peur) est suivi du subjonctif.

   «**Attends que** je te **prête** une paire de bottes»
   Attendre que est suivi du subjonctif.

«Je croyais que c'était plus tard les coucous !»
On utilise parfois dans la conversation courante une syntaxe simplifiée ; la phrase signifie : je croyais que les coucous fleurissaient plus tard.
«Les violettes c'est déja fini»
Même construction.

Jeu de rôles

Deux personnes dont l'une a invité l'autre dans sa maison de campagne (résidence secondaire) pour le week-end.
Imaginez leurs rapports et la réaction de la personne invitée devant le lieu où elle se trouve.

Transcription

Natacha : Et si on allait à la campagne !
Jeanne : Je peux te conduire où tu veux.
Natacha : Nous avons une maison près de Fontainebleau où nous n'allons presque jamais malheureusement pour des raisons diverses, aussi idiotes les unes que les autres. Moi, je voudrais en profiter au maximum avant qu'elle ne soit vendue, et les cerisiers doivent être en fleurs en ce moment. C'est magnifique, allons-y !
Natacha : Arrivée à la Seine tu tourneras à gauche.
Jeanne : Eh, tu pourrais m'attendre !
Natacha : Tu n'as qu'à te dépêcher.
Jeanne : Qu'est-ce que c'est beau !
Moi je ne trouve pas que ça ait l'air tellement à l'abandon en fait.
Natacha : Ben mon père s'en est tout de même pas mal occupé l'année dernière. Mais je crains que cette année ça ne soit pas pareil.
Jeanne : C'est idiot, j'ai toujours peur d'écraser les fleurs.
Natacha : Tu vas surtout te mouiller les pieds, attends que je te prête une paire de bottes…
Natacha : Fais pas attention au papier peint, hein, c'est ma mère qui l'avais mis. J'aime pas ça du tout mais on n'a pas eu le temps de le refaire.
Jeanne : Moi je ne déteste pas. J'aime bien les couleurs.
Natacha : Voilà ta chambre.
Jeanne : C'est joli ces murs en pierre !
Natacha : Oui, et en plus ça nous met à l'abri des curieux. Viens voir dans ma chambre !
Jeanne : C'est marrant, je croyais que c'était plus tard les coucous !
Natacha : Mais non c'est maintenant, mais par contre les violettes c'est déjà fini.
Jeanne : Ah bon !
Natacha : Oui. Pour l'instant, ça a beaucoup de charme, parce que l'herbe n'est pas très haute, mais si on ne s'en occupe pas d'ici juin, ça deviendra une vraie forêt vierge. Le plus urgent c'est de

repeindre la tonnelle qui est en train de rouiller. J'aime beaucoup cette partie du jardin, c'est ma préférée. Evidemment c'est celle que maman n'aimait pas ; elle voulait faire couper les arbres. Pourquoi ris-tu ?

Jeanne : Je remarque que tu parles presque jamais de ta mère, ou alors c'est pour la critiquer, finalement.

Natacha : Ben oui je la critique comme elle me critiquait moi. Elle n'était jamais contente de rien. Enfin, maintenant c'est fini, nous sommes loin l'une de l'autre, et elle s'intéresse moins à moi. Tu trouves que je suis méchante ?

Jeanne : Non.

Natacha : Tu sais au fond je l'estime et je sais bien que si elle me critiquait, c'est qu'elle s'était fait une très haute idée de moi, trop haute. Il fallait absolument que j'y corresponde !

Jeanne : Mais tu y corresponds tout de même un peu.

Natacha : Oui, depuis que j'ai passé mon bac et que j'ai été admise au Conservatoire, l'éloignement aidant.

Jeanne : Et toi tu continues à la critiquer.

Natacha : Par simple habitude, mais ce n'est pas bien. Tiens, chaque fois que tu me prendras à dire du mal d'elle, je te donnerai un gage.

Jeanne : Quel genre de gage ?

Natacha : À toi de choisir !

Jeanne : Ah bon.

Conte de printemps

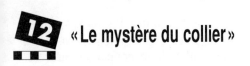

«Le mystère du collier»

(Conte de printemps)

Dans la scène précédente, Natacha avait demandé à Jeanne de lui donner un gage chaque fois qu'elle parlerait de sa mère en la critiquant. Elle vient de le faire, c'est pourquoi elles s'exclament : un gage !

Un gage est une punition amicale donnée par jeu.

Avez-vous compris ?

La situation précédant l'histoire du collier :
• Qui choisit le gage et en quoi consiste-t-il ?
• Quels personnages sont concernés par l'histoire que Natacha va raconter ?

L'histoire du collier :
• À qui était le collier ?
• Il était destiné à qui ?
• Pour quelle occasion ?
• À qui Igor l'a-t-il prêté ?
• Qu'a fait la personne ?
• Quelle a été la réaction de Natacha ?
• Qu'est-ce qui s'est passé la veille de l'anniversaire de Natacha ?
• Où le père de Natacha avait-il mis le collier ?
• Pourquoi ne l'a-t-il pas rangé ?
• Quel est le soupçon de Natacha ?

Repérages

1. Expression lexicale
   «Je suis décidée à la **crier sur les toits**»
   Faire connaître l'histoire à tout le monde.

2. Lexique
   «Tu **soupçonnes** qui ?»
   Du verbe *soupçonner* : penser que quelqu'un est coupable.
   «Tu me diras si je **délire** ou non»
   Si j'imagine des choses invraisemblables, extravagantes.
   «Il avait mis Eve dans la confidence»
   Il avait confié à Eve (qu'il donnerait le collier à Natacha).
   «Il avait prêté le collier **à mon insu**»
   Sans que je le sache (du verbe *savoir*).

3. Expression de la possibilité
   «Si le collier était dans la poche de son pantalon, **il a pu tomber**»
   Il est possible qu'il soit tombé.

« **Elle a très bien pu** trouver le collier... »
Il est possible qu'elle l'ait trouvé.
4. Grammaire
« Il **n'est nulle part**, **ni** dans la penderie, **ni** dans la chambre, **ni** ailleurs »
Expression de la négation d'un lieu.
Observer la place des mots. *Ni, ni... s'oppose à soit...soit... :*
« Soit par terre, soit dans la poche du pantalon »
5. Lexique
« En **farfouillant** dans la penderie »
En fouillant, en cherchant.
« Pourquoi serait-il allé chercher une histoire aussi **tordue** ? »
Aussi compliquée et difficile à croire.
« Elle a très bien pu le **subtiliser** »
Le faire disparaître, c'est-à-dire le prendre.

Activités écrites

Analyse de la structure du récit.

Schéma
• Attirer l'attention en caractérisant l'histoire :
  – Le type d'histoire (conte de fée – histoire policière).
  – La conclusion que le narrateur en tire : il y a eu vol.
• L'histoire proprement dite :
  – Mettre l'auditeur dans le coup (*tu me diras si je délire*).
  – Décrire le collier et sa fonction dans l'histoire (le collier était destiné à Natacha).
  – L'action principale relative au collier (*le collier disparut*).
  – L'acte 1 : récit des événements précédant la disparition (*Peu de temps avant... Eve ne serait jamais de la famille*).
  – L'acte 2 : la disparition du collier (*Et puis la veille de mon anniversaire... nulle part, ni dans la penderie, ni dans la chambre, ni ailleurs*).
• La conclusion qu'en tire le narrateur :
  L'argumentation de Natacha
  – Énoncé à valeur générale (*on n'est jamais sûr de rien*).
  – Réfutation d'un argument : *Mais pourquoi...*
  – Annonce d'un argument : *Non, il y a une meilleure explication.*
  – Description de la scène qui justifie l'argument.
  – Conclusion sous forme de possibilité : *alors, elle a très bien pu...*

Exercices
1. Dégager, dans la narration de l'acte 1, les commentaires du narrateur (exemple : *Je ne sais pas si c'est de l'inconscience ou de la provocation*).
2. Dégager dans la narration de l'acte 2, les paroles que le narrateur rapporte au discours indirect et celles qui sont en discours

direct. Rapporter en discours indirect les paroles qui sont en discours direct. Variez les procédés de rapport de parole. Vous pouvez, si vous le voulez, faire un récit en vous inspirant de la structure de l'histoire proprement dite.

Transcription

Jeanne : Et puis il a de beaux yeux.
Natacha : Malheureusement, je n'ai pas les siens, je n'ai que ceux de ma mère hélas.
Jeanne et Natacha : Un gage !
Natacha : Bon, et bien, dis-moi ce que je dois faire.
Jeanne : Mais rien, je sais pas, c'était pour plaisanter.
Natacha : Je ne plaisante pas.
Jeanne : Et bien, choisis ce que tu veux.
Natacha : Bon. Je vais te raconter une histoire.
Jeanne : Ah ! C'est un conte de fée ?
Natacha : Non. Encore que si quelqu'un ait eu l'anneau de…
Jeanne : De Gygès[1].
Natacha : De Gygès, il aurait pu élucider le mystère.
Jeanne : Alors c'est policier ?
Natacha : Si on veut. Appelons le «Le Mystère du collier». C'est une histoire vraie. Si je te la raconte, c'est que je suis décidée à la crier sur les toits. Il n'y a pas de police, heureusement, ni de meurtre, bien entendu, mais tout de même un vol.
Jeanne : Le vol d'un collier ? Qui était à qui ?
Natacha : À moi.
Jeanne : Et tu soupçonnes qui ?
Natacha : Ben…
Jeanne : Eve ?
Natacha : Oui.
Jeanne : Et ton père, qu'est-ce qu'il en pense ?
Natacha : Mon père, je pense qu'il ne la croit pas tout à fait et c'est ça qui est grave. Ça prouve qu'il est décidé à la soutenir en dépit de tout.
Jeanne : Et tu as des preuves ?
Natacha : Je vais te raconter. Tu me diras si je délire ou non. Parmi les bijoux qu'il avait hérités de sa mère, mon père possédait un collier qu'il avait l'intention de m'offrir pour mes dix-huit ans le vingt-deux mars. Il ne m'avait rien dit, il voulait me faire une surprise, mais il avait mis Eve dans la confidence. Or, la veille de l'anniversaire, le collier disparut. Peu de temps avant, comme il allait à une fête avec Eve, il le lui avait prêté. A mon insu, cela va sans dire. Mais elle ne le lui avait pas rendu tout de suite. Elle l'a gardé quelque temps, et ce qui est plus grave l'a porté. Un jour, je ne sais pas si c'est de l'inconscience ou de la provocation, elle est arrivée, alors que j'étais là, le collier au cou. J'ai cru que mon père

le lui avait donné, j'étais furieuse. Non pas parce que je le voulais pour moi, je ne connaissais pas encore les intentions de mon père, mais parce que c'était un bijou de famille et que pour moi Eve ne serait jamais de la famille. Et puis la veille de mon anniversaire, papa m'a demandé d'un air ennuyé si je n'avais pas vu le collier. «Si, la dernière fois que je l'ai vu c'était au cou de Eve. Je croyais que tu le lui avais donné». Il me répond : «Non, je n'aurais jamais fait ça. Je le lui avais simplement prêté, c'est à toi que je veux l'offrir. Elle me l'a rendu chez elle un matin, je l'ai mis dans ma poche pour le rapporter à la maison. Ce qui est sûr c'est que je l'avais en entrant et puis je me souviens plus.» En fait, d'après ce qu'il a dit, il l'avait mis dans la poche de son pantalon, celle où il mettait ses clés. En prenant son trousseau pour entrer il l'a senti au fond de la poche et s'est dit que la première chose qu'il ferait en entrant serait de le déposer dans le coffret où il le rangeait, et puis le téléphone a sonné, il est allé répondre, il n'a plus pensé au collier et a changé de costume.

Jeanne : Mais si le collier était dans la poche de son pantalon, il a pu tomber.

Natacha : Oui, c'est l'idée qui vient tout de suite mais l'ennuyeux, c'est qu'il n'était pas sur le sol de la penderie. Il n'est nulle part, ni dans la penderie, ni dans la chambre, ni ailleurs.

Jeanne : Mais tu es sûre que ton père dit la vérité ?

Natacha : On n'est jamais sûr de rien. Mais pourquoi serait-il allé chercher une histoire aussi tordue et me raconter qu'il voulait me l'offrir alors qu'il voulait l'offrir à la fille ? Non, il y a une meilleure explication : comme je rentrais à la maison quelques jours avant, j'ai trouvé Eve en train de faire essayer ses anciens costumes à mon père. Il a tendance à tout garder et elle l'aide à faire le tri. C'est un de ses rares côtés positifs. Alors elle a très bien pu, en farfouillant dans la penderie, trouver le collier, soit par terre, soit tout simplement dans la poche du pantalon et le subtiliser. Tiens, en rentrant je te montrerai l'endroit.

Conte de printemps

. Anneau de Gygès (mythologie) : avait la propriété de rendre invisible celui qui le portait et permit au berger Gygès de devenir roi.

Transcendantal, ça veut dire quoi ?

(Conte de printemps)

Avez-vous compris ?

- Les deux femmes, Jeanne et Eve, ont-elles le même métier ?
- Est-ce qu'elles se connaissent bien ? Justifiez votre réponse.
- Eve aime-t-elle la philosophie ? A-t-elle envie de l'enseigner ? Pourquoi ?
- Jeanne n'est pas d'accord avec Eve. Quel est son point de vue ?
- Jeanne a une manière personnelle d'enseigner la philosophie. Avez-vous relevé une phrase qui résume cette manière ?
- Eve a embarrassé Natacha en lui posant une question. Laquelle ?
- Comment Natacha s'est-elle tirée d'embarras ?

Repérages

1. Lexique

«On peut se **tutoyer** ?»
Se dire *tu*.
«Tu n'aimerais pas mieux **être dans** la presse... l'édition ?»
Travailler dans...
«S'ils ne m'écoutent pas, **je n'ai qu'à m'en prendre à moi**»
Je dois me considérer comme responsable.
«Je peux en parler **en connaissance de cause**»
Je connais bien le problème.
«Faire partager ma philosophie à des gens qui **s'en foutent éperdument**»
Familier : qui sont complètement désintéressés de la chose.

2. Grammaire

«**Que ce soit** la mienne, celle de Platon **ou** de Spinoza»
Une manière d'envisager plusieurs éventualités en succession.
«J'enseigne dans une banlieue **dite** ouvrière»
Une banlieue que l'on dit être une banlieue ouvrière, c'est ainsi qu'on l'appelle.

3. Lexique

«C'est une question d'**amour-propre**»
Estime de soi.
«Une mauvaise note en philo a quelque chose d'**infamant**»
Quelque chose de *déshonorant*.
«On aime à **se vanter** d'être **nul en** maths...»
Être fier de dire qu'on est *très mauvais* en mathématiques.
«Les petites **babioles** à la mode»
Les choses insignifiantes, sans intérêt.
«Tu **confonds** transcendantal et transcendant»
Tu prends un mot pour un autre.
N.B. *transcendantal* se dit d'un système philosophique qui admet des concepts a priori dégagés de l'expérience.

Discussion générale

Quel sens donnez-vous au mot «philosophie» et pensez-vous qu'une certaine philosophie peut être utile dans la vie ?

Chaque élève réfléchit individuellement à la question et le professeur ensuite mène le débat en interrogeant quelques élèves — volontaires — sur leur opinion. Les autres sont encouragés à poser des questions et à donner leur point de vue sur ce qui vient d'être dit.

Transcription

Eve : Vous n'êtes pas obligée de rester dans l'enseignement.

Jeanne : Obligée, non, au-delà de mon engagement de cinq ans. Mais en fait ça me plaît.

Eve : Tu n'aimerais pas mieux — on peut se tutoyer — faire comme moi, avoir une vie plus active... organiser des expositions, être dans la presse, l'audiovisuel, l'édition.

Jeanne : Non, ce genre d'activités ne me convient pas du tout. Ça correspond peut-être à votre... enfin à ton tempérament, mais en tout cas pas au mien. Et puis surtout, dans ce genre d'activités, on est toujours dépendant, soit de quelqu'un, soit de quelque chose, même au plus haut niveau, si on l'atteint. Tandis que dans ma classe, je suis maîtresse absolue.

Eve : Quand les élèves le permettent.

Jeanne : Oui, mais ça c'est mon affaire.

Eve : Ils t'écoutent ? Bravo !

Jeanne : Et s'ils ne m'écoutent pas, je n'ai à m'en prendre qu'à moi.

Eve : Là n'est pas seulement la question. Ils t'écoutent, je veux bien le croire, mais comment ? Je peux parler en connaissance de cause. Je prépare une maîtrise de philosophie. Mais ma philosophie, je la garde pour moi. Je n'ai aucune envie de la faire partager à des gens qui s'en foutent éperdument, que ce soit la mienne, celle de Platon ou de Spinoza.

Jeanne : Mais là tu te trompes. C'est ce que je croyais au début, mais c'est faux. Et pourtant mes élèves n'appartiennent pas à la classe intellectuelle. J'enseigne dans une banlieue dite ouvrière. Et bien, je prétends que la philo les intéresse et parfois même les passionne.

Eve : Tous ?

Jeanne : Un nombre amplement suffisant, plus, j'en suis sûre, qu'en lettres ou en histoire. Ça paraît curieux, mais pour eux c'est une question d'amour-propre. Une mauvaise note en philo a toujours quelque chose d'infamant.

Igor : Non.

Jeanne : Si. C'est comme si leur être pensant, tout entier, était atteint. On aime à se vanter d'être nul en maths, mais pas en philo. Chacun pense que sa propre philosophie est meilleure que celle des autres.

Igor : Mais dans ce cas ils ne sont pas vexés. C'est le prof qui a tort.

Jeanne : Il suffit de leur montrer que votre philosophie ou la philosophie qu'on enseigne est capable de compléter, et d'élargir la leur, pas de s'y substituer. C'est un travail difficile et passionnant. Mais pour ça, il ne faudrait pas, comme on pourrait le croire, les amuser avec les petites babioles à la mode, les lieux communs des journaux, la psychanalyse, les sciences sociales, enfin tous ces trucs là. Non, moi j'aborde, disons, la vraie philo, de front, et comme ils ne connaissent pas, ça les intrigue.

Eve : Hmm, la vraie philo ? Tu veux dire la métaphysique ?

Jeanne : Pas exactement. Parce que là encore sur, entre guillemets, les grandes questions, Dieu, l'Univers, la Liberté, ils ont leurs réponses, naïves, mais réponses tout de même. Non, je dirais plutôt la philosophie transcendantale.

Igor : Transcendantale ?

Eve : Oui, Kant. Tu leur fais lire Kant ?

Jeanne : Non, je ne fais pas forcément référence aux auteurs, du moins au début. J'essaie de susciter une réflexion portant sur la pensée en tant que telle, le pur acte de penser. Enfin j'emploie le mot transcendantal au sens large.

Eve : Qui comprend aussi le sens husserlien.

Jeanne : Oui, bien sûr.

Eve : Et d'après toi ?

Natacha : Quoi ?

Eve : Transcendantal, ça veut dire quoi ?

Natacha : Ben ce qu'elle dit. Une philo qui se place au plus haut sommet, qui dépasse tous les points de vue, les transcende.

Eve : Hum, ce n'est pas du tout ça. Tu confonds transcendantal et transcendant, comme quatre-vingt-dix-neuf pour cent des gens.

Natacha : Dans ce cas, ça n'a rien de déshonorant. Ça ne m'a pas empêchée…

Eve : …d'avoir seize au bac, je sais. Je ne les ai pas eus, je n'ai eu que douze. Mais, ne sois pas vexée. Je voulais simplement montrer à Jeanne que ce n'est pas tout à fait ça qu'on apprend en classe de philo, généralement.

Natacha : Je ne suis pas vexée, je vais chercher le plat.

Conte de printemps

52

14 C'est une fille comme toi qu'il faudrait pour mon père
(*Conte de printemps*)

Avez-vous compris ?

- À quel moment de la journée se passe cette scène ?
- Que dit Jeanne lorsque Natacha entre ?
- Natacha continue la conversation sur un autre sujet. Lequel ?
- Quelle critique fait-elle d'Eve ?
- D'après Natacha, que pense Igor de Jeanne ?
- Comment a-t-elle compris que son père trouve que Jeanne est une belle femme ?
- Jeanne essaye de défendre Eve. Que dit-elle ?
- Pour quelle raison Natacha voudrait-elle que Jeanne devienne l'amie de son père ?
- Jeanne oppose plusieurs arguments à cette idée. Lesquels ?
- Les deux femmes terminent la discussion en parlant du coup de foudre. Qu'en disent-elles ?

Repérages

1. Lexique

   «Les philosophes sont **maniaques**»
   Ils sont obsédés par des détails.

2. Expressions lexicales

   «Elle trouverait **au-dessous d'elle** de s'occuper de...»
   Que ce n'est pas digne d'elle de...
   «Elle ne perd pas une occasion d'**étaler sa science**»
   Montrer qu'elle connaît beaucoup de choses (péjoratif).
   «**À tout bout de champ**»
   Tout le temps (familier).

3. Grammaire

   «C'était **par pur** pédantisme»
   À cause de son pédantisme.
   «Il dit que **tu fais pas prof** du tout»
   Tu n'as pas l'air d'un prof ; ici, *faire* : avoir l'air.
   Autre exemple : il ne fait pas son âge, il fait jeune.
   «Ça se devine. **À sa façon** de te regarder»
   On le devine par la façon dont il te regarde.

4. Expressions lexicales

   «Elle ne doit pas te **porter dans son cœur**»
   Elle ne doit pas t'*aimer*.
   «Et sa chérie qui le surveillait **du coin de l'œil**»
   Qui le surveillait *sans le regarder directement*.
   «Tu essaies toujours d'**arrondir les angles**»
   Rendre la réalité moins brutale, plus douce.

« Toutes ces excitées **qui lui courent après** »
Qui le poursuivent dans un but amoureux (*courir après quelqu'un*).

5. Lexique

« Et **par-dessus le marché**, je te dis que **tu lui plais** »
Et *en plus*, je te dis qu'*il te trouve attirante*.
« Il est **pris** et je suis **prise** »
Du verbe *prendre*. Ici : il est engagé avec quelqu'un, une amie.
Je suis pris signifie aussi : je suis occupé.
« Tu n'es pas totalement à l'abri d'un **coup de foudre** »
Tomber amoureux de quelqu'un à première vue.

6. Expressions lexicales

« Cessons de **parler avec des "si"** »
Arrêtons de faire des hypothèses.
« Je ne vois pas **où tu veux en venir** »
À quelle conclusion tu veux aboutir.

Jeu de rôles

Deux personnes discutent des qualités et des défauts d'une troisième personne qui est absente.
L'objet de la discussion pourrait être :
« Ce serait un bon mari (une bonne épouse) pour notre fille (notre fils) » ; « Ce serait un bon professeur ».

Transcription

Jeanne : J'ai arrosé les fleurs du balcon.
Natacha : Mais je l'aurais fait.
Jeanne : Oui, mais je sais que tu es pressée.
Natacha : Pas plus que toi.
Je ne pensais pas que les philosophes étaient si précis…
Jeanne : Maniaques.
Natacha : Dans les choses quotidiennes.
Jeanne : Pourquoi pas ? Et puis je suis pas philosophe, je suis prof.
Natacha : Tu l'es plus que Eve. Elle trouverait au-dessous d'elle de s'occuper de l'appartement de… d'aider à desservir la table, de ranger une chaise. Ici, ce n'est pas chez elle, heureusement d'ailleurs, mais quand même. T'as vu comme elle perd pas une occasion d'étaler sa science à tout bout de champ ?
Jeanne : Ben, c'est tout de même moi qui ai commencé.
Natacha : Euh, toi, c'était normal, tu parlais de ton métier, en répondant à une question. Mais elle, c'était par pur pédantisme. Ça a frappé papa. Quand il est allé dans ma chambre pour voir les photos de mon frère, on a un peu parlé de toi. Et ben, il dit que tu fais pas prof du tout.

Jeanne : Oh tu sais, on se fait une idée des professeurs !

Natacha : Enfin, il t'a trouvée très bien, à tous points de vue. Et très belle aussi. Tu lui as fait grande impression, tu sais.

Jeanne : Il te l'a dit ?

Natacha : Non, mais ça se devine. À sa façon de te regarder. Il ne regarde pas les femmes moches, habitude de séducteur. Et sa chérie qui le surveillait du coin de l'œil ! Elle ne doit pas te porter dans son cœur.

Jeanne : Je te trouve très injuste avec elle. C'est une fille très jolie et très intelligente. Elle te provoque peut-être un peu, mais si peu, et gentiment.

Natacha : Tu appelles ça « gentiment » ! Enfin, tu essaies toujours d'arrondir les angles, et c'est très bien…

Tu vois ? C'est une fille comme toi qu'il faudrait pour mon père. Il lui faut des gens calmes. Il n'a pas besoin de toutes ces excitées qui lui courent après. Et, par-dessus le marché, je te dis que tu lui plais !

Jeanne : Je suis trop vieille pour lui.

Natacha : Tu fais presque aussi jeune que nous.

Jeanne : En tout cas il est trop vieux pour moi.

Natacha : Ah, tu trouves qu'il fait vieux ?

Jeanne : Et puis c'est ton père.

Natacha : Et, et s'il ne l'était pas ? Si tu l'avais connu indépendamment de moi ?

Jeanne : Mais la question ne se pose pas. En fait j'aime pas raisonner comme ça dans l'abstrait. D'ailleurs il est pris et je suis prise.

Natacha : Il n'est pas tellement pris : avec elle, je suis sûre que ça va finir très vite. Et toi, à ce que je devine, tu n'es pas tellement prise non plus.

Jeanne : Mais Natacha, qu'est-ce que tu racontes ? Tu devines quoi ? Je t'ai dit quoi ?

Natacha : La façon dont tu parles de ton copain n'est pas très enthousiasmante.

Jeanne : Excuse-moi, mais dans ce domaine je garde mes enthousiasmes pour moi.

Natacha : Peut-être que je me trompe, mais, pour continuer à parler dans l'abstrait, tu admettras que tu n'es pas totalement à l'abri d'un coup de foudre ?

Jeanne : Pas plus qu'une autre. Je ne sais pas, enfin. De toute façon, dans ce cas, le coup de foudre aurait déjà eu lieu. Et puis cessons de parler avec des « si », je ne vois pas du tout où tu veux en venir.

Natacha : Rien du tout. J'aime bien rêver.

Jeanne : Et bien moi, pas tellement.

Conte de printemps

Les confidences d'Igor

(Conte de printemps)

Cette scène se passe dans la maison de campagne de Fontainebleau où Igor, Eve, Jeanne, Natacha et son copain étaient venus pour passer le week-end. Au début de l'après-midi, Eve qui s'est fâchée avec Natacha, a décidé de rentrer seule à Paris. Natacha et son copain sont allés faire une promenade dans les environs. Natacha appelle Jeanne au téléphone. C'est Igor qui répond.

Avez-vous compris ?

- Igor demande : ils ne rentrent pas ? De qui parle-t-il ?
- Est-ce qu'il trouve normal qu'ils ne rentrent pas ?
- Pourquoi Jeanne décide-t-elle de partir ?
- Igor lui demande de rester. Quelle raison donne-t-il ?
- Quels arguments lui oppose Jeanne ?
- Après le dîner, Igor engage la conversation sur quel sujet ?
- Igor pense-t-il qu'Eve a volé le collier ? Croit-il que Natacha l'a caché ?
- Qu'est-ce qui s'est passé après le divorce d'Igor ?
- Que pense-t-il de sa relation avec Eve ?
- Jeanne est-elle pour ou contre la différence d'âge dans les couples ?
- Qu'est-ce qui la gêne dans sa relation avec Igor ? Et qu'est-ce qui plaît à Igor ?

Repérages

1. Lexique

   « Trois femmes me **laissent tomber** ! »
   Trois femmes me quittent.
   « Vous l'avez laissée partir **de plein gré** »
   Volontairement, en toute liberté.
   « C'est une heure très **moche** pour rouler »
   Familier : c'est la mauvaise heure, il y a trop de circulation ; au premier sens moche signifie : *laid*.

2. Expressions lexicales

   « Je ne sais pas **ce qui leur a pris** »
   Je ne sais pas pourquoi elles se sont comportées ainsi.
   L'expression est utilisée pour désigner la surprise devant un comportement inattendu : *qu'est-ce qui vous prend ?*
   « Elle est **tout sauf voleuse** »
   Elle a beaucoup de défauts, mais elle n'est pas voleuse.
   Sauf : excepté.

3. Lexique
«Plutôt **cleptomane**»
Plutôt voleuse.
«Peut-être est-il **tout bonnement** tombé dans la rue»
Tout simplement.

4. Une manière d'introduire une conclusion
«**Enfin bref**, mettons ça au compte des énigmes de l'histoire»

5. Lexique
«La femme pour laquelle j'étais **censé** avoir divorcé»
Supposé.
«Un nombre **confortable** de petites amies»
Un nombre *assez important*.
«Nous nous sommes aimés **fougueusement**»
Avec fougue, avec ardeur.
«Une petite **minette** pas beaucoup plus âgée qu'elle»
Ici, une toute jeune fille. Une minette est aussi une chatte.
«Un **mec** presqu'aussi âgé que moi»
Un type (familier), un homme.

6. Expressions lexicales
«La scène de ce matin **lui ferait une assez bonne sortie**»
Expression empruntée au théâtre : quand on sort de scène, on
«fait une sortie».
Ici : se dégager de la relation avec Igor.
«Ce qui **crée une barrière**, c'est que vous êtes le père de Natacha»
Ce qui constitue un obstacle.

7. Lexique
«Nous pouvons nous parler sans **arrière-fond** de séduction»
Sans une intention de séduction sous-jacente.
«Toutes les femmes que j'ai approchées étaient des **caractérielles**»
Elles avaient des troubles du caractère.

Discussion

Comparez les personnages féminins et les personnages masculins des films de Rohmer. Voyez-vous une différence dans la façon dont Rohmer peint les hommes et les femmes ?
Comment jugez-vous ces personnages ? Vers quelle femme va votre sympathie ? Vers quel homme ?
Vous pouvez organiser un vote. Vous pouvez aussi écrire un petit texte en justifiant votre choix.

Transcription

Igor : Natacha ? Bon je te la passe. Jeanne ?
Jeanne : Allô ! Natacha ? Ah tu ne rentres pas ! Oui, oui, je comprends. Oui. Eh bien tu passeras à la maison demain ? J'aimerais

bien te voir avant mon départ, d'accord ? Bon je t'embrasse très très fort. Au revoir.

Igor : Ils ne rentrent pas ?

Jeanne : Non.

Igor : C'est ce que je pensais. Ils se voient si peu souvent. Il faut bien qu'ils en profitent. Mais je ne sais pas pourquoi, ou plutôt si : ils se sentent très gênés devant moi.

Jeanne : Bon, eh bien, dans ce cas, je vais partir.

Igor : Comment ?

Jeanne : J'attendais simplement Natacha. Puisqu'elle ne vient pas, je m'en vais.

Igor : Vous n'allez tout de même pas me laisser seul ? En moins d'une après-midi, trois femmes me laissent tomber !

Jeanne : Il n'y en a qu'une seule qui compte pour vous et vous l'avez laissée partir de plein gré.

Igor : Parce qu'elle avait des raisons sérieuses de rentrer. Ce n'est pas votre cas.

Jeanne : Si ! J'étais venue raccompagner Natacha. Elle n'est plus là et… il n'y a vraiment pas de raison que je reste. J'avais refusé une invitation pour ce soir, peut-être que je…

Igor : Hum, je pense qu'il est trop tard. Restez dîner. Actuellement c'est une heure très moche pour rouler. Après neuf heures ce sera beaucoup mieux. Tenez.

Igor : Je ne sais pas ce qui leur a pris. Ça devait éclater un jour. Il a fallu que vous soyez là. Prises séparément, elles sont adorables… Le plus grave est que Natacha — elle vous en a parlé sûrement — accuse Eve de choses monstrueuses.

Jeanne : Oui, je sais : le collier.

Igor : Oui. Mais c'est invraisemblable. Je ne vois pas ce que Eve pourrait en faire, pas le porter, pas le vendre, car elle n'a pas besoin d'argent, elle est tout sauf voleuse. Je n'accuse pas non plus Natacha de l'avoir caché pour faire croire qu'Eve l'avait volé. Elle aurait été trop heureuse de le porter. Puis elle n'est pas machiavélique. À la rigueur, plutôt cleptomane, mais on ne se vole pas soi-même ! Je l'avais mis dans ma poche, ou du moins je croyais l'avoir mis. Peut-être est-il tout bonnement tombé dans la rue. Quoique… Enfin bref, mettons ça au compte des énigmes de l'histoire, de l'histoire de notre famille. Ce n'est pas la première. Bref, pour en revenir à la scène de ce matin, ce qui me désole le plus c'est qu'il ne s'agit plus d'une haine banale, une haine, si je puis dire, de convenance, comme il peut en exister entre une fille et la maîtresse de son père. Après mon divorce, je suis resté un certain temps très seul, ayant rapidement quitté la femme pour laquelle j'étais censé avoir divorcé et ensuite j'ai eu un nombre confortable de petites amies, sans que Natacha ait eu l'air de me désapprouver. Mais, avec Eve, je suis déjà resté beaucoup plus longtemps qu'avec aucune autre. Natacha a l'impression que je vais me fixer. Elle se trompe. Nous nous sommes aimés très fougueusement, un peu parce que nous pensions que ça ne durerait pas. Je m'attends à tout instant qu'elle me quitte. La scène de ce matin lui ferait une assez bonne sortie. Je sais — Natacha ne le sait pas — qu'il y a un autre homme dans sa vie. Donc elle est beaucoup moins dangereuse, si je puis dire, que Natacha le croit.

Jeanne : Il y a peut-être aussi une question d'âge. Je suis sûre que ça la gêne de vous voir avec une petite minette pas beaucoup plus âgée qu'elle.

Igor : Elle est bien avec un mec presque aussi âgé que moi !

Jeanne : Ben ça, ça me gêne davantage. Vous et Eve, finalement, ça ne me choque pas tellement, bien qu'en amour, moi, je ne supporte pas la moindre différence d'âge. J'ai seulement trois mois de plus que Mathieu.

Igor : C'est drôle. Je vous verrais facilement avec quelqu'un de plus âgé. Ce qui prouve que je vous vois très jeune, car j'aime les oppositions. Et contrairement à ce que vous croyez, je ne vous trouve pas trop vieille pour moi.

Jeanne : Et moi, contrairement à ce que j'ai dit, je ne vous trouve pas tellement trop vieux pour moi. Non, ce qui crée une barrière c'est que vous êtes le père de Natacha. Tant mieux d'ailleurs. Ça fait que nous pouvons nous parler sans arrière-fond de séduction. C'est reposant.

Igor : En tout cas, je vous trouve très reposante. Toutes les femmes que j'ai approchées étaient des caractérielles. Y compris ma fille.

Jeanne : Si Natacha l'est, je le suis aussi. Vous ne m'avez pas vue me mettre en colère.

Conte de printemps

16 Amour et logique

Avez-vous compris ?

- Jeanne quitte brusquement le canapé et donne deux raisons contradictoires de sa conduite. Lesquelles ?
- Elle admet qu'elle a été choquée ou surprise ?
- Igor reconnaît-il qu'il a agi par habitude ou par instinct ? Reconnaît-il qu'il est amoureux de Jeanne ?
- Quelle est la stratégie de Jeanne, d'après Igor ?
- Pourquoi n'aime-t-il pas cette stratégie ?
- Jeanne a l'air de ne pas écouter ce qu'il dit. À quoi pense-t-elle ?
- Elle explique d'abord sa conduite par une raison logique. Que dit-elle ?
- Elle l'explique ensuite par une raison psychologique. Laquelle ?

Repérages

1. Lexique

   « Le mari souhaite un **boudin** »

   Une sorte de saucisse.

   « La femme souhaite qu'il lui **pende au nez** »

   Elle souhaite qu'il soit accroché à son nez.

   « Il ne reste plus qu'à souhaiter qu'il **se décroche** »

   Le contraire d'accrocher (qu'il tombe).

2. Syntaxe

   « Ce n'est pas **tant ce que** vous demandiez **que le fait que** vous le demandiez »

   Ce n'est pas tellement ce que vous demandiez (qui m'a choquée), mais le fait de le demander.

3. Grammaire

   « On m'**a** facilement **par** surprise »

   On obtient ce qu'on veut de moi en me surprenant.

   Avoir quelqu'un : le conquérir soit dans un combat, soit dans une discussion. Ici : pour imposer un comportement.

4. Une manière de mettre en doute un fait

   « Et **qui vous prouve que** je ne suis pas amoureux de vous ? »

   Je le suis peut-être, vous n'en savez rien.

5. Grammaire : préfixes et suffixes

   « Celle de banal**iser**, plutôt d'asept**iser**, de désérot**iser** nos rapports »

   Le suffixe *iser* signifie : rendre – *banaliser* : rendre banal

   Le préfixe *dé* signifie : ôter, enlever.

   désérotiser : le contraire d'érotiser (de érotique).

6. Lexique

   « Je me sens raide et **emprunté** »

   Je me sens gêné, pas naturel.

7. Expressions lexicales

«Qu'il parle, je **connais la musique**»

Je sais ce qu'il veut. Je connais sa stratégie pour m'avoir.

8. Lexique : observer les contraires

Attraction / répulsion – amour / haine – domination / soumission.

«J'avais l'impression que c'était **tricher**»

Ne pas respecter les règles du jeu.

9. Expressions lexicales

«J'ai eu **une** petite **dent contre** elle»

Je lui en voulais, j'avais un reproche à lui faire.

«Elle voulait plutôt **vous jeter dans mes bras**»

Faire que nous tombions amoureux l'un de l'autre.

«**Ne serait-ce que par** hostilité contre Eve»

Ne serait-ce que introduit l'explication.

«Et **saborder votre complot** à tous»

Détruire votre projet secret.

Saborder : au premier sens s'applique aux navires. Il signifie détruire volontairement un navire.

Discussion

Que pensez-vous de cette scène ? S'agit-il d'amour ou de jeu ? Dans quel milieu social cette scène est-elle possible ?

Donnez votre point de vue sur l'ensemble des comportements amoureux dans les films de Rohmer. Comparez-les à ceux de votre entourage.

Vous paraissent-ils représentatifs des comportements contemporains ? ou des comportements de certaines classes sociales ?

Transcription

Igor : Je viens un petit peu m'asseoir vers vous ?

Jeanne : Oui.

Igor : Je peux vous prendre la main ?

Jeanne : Oui.

Igor : Je peux vous embrasser ?

Jeanne : Oui.

Igor : Jeanne. Restez là !

Jeanne : Non… J'ai dit oui. Ça ne vous suffit pas ?

Igor : Ben, raison de plus !

Jeanne : Non. Vous avez eu ce que vous demandiez. C'est fini.

Igor : Je ne peux rien demander d'autre ?

Jeanne : Non, j'ai accordé trois choses et c'est beaucoup. Vous connaissez le conte des trois souhaits ? Deux époux peuvent faire trois souhaits. Le mari souhaite un boudin, la femme furieuse contre lui souhaite qu'il lui pende au nez, il ne reste plus qu'à souhaiter qu'il se décroche. Mais vous, vous n'avez pas trop mal choisi.

Igor : J'aurais pu demander plus.

Jeanne : Effectivement, mais c'est trop tard.

Igor : Vous l'auriez accordé ?

Jeanne : Naturellement ! Ce n'est pas tant ce que vous demandiez que le fait que vous le demandiez, comme ça, qui m'a soufflée.

Igor : Je vous ai choquée ?

Jeanne : Surprise, plutôt. On m'a facilement par surprsie. Dans ce domaine vous êtes assez habile.

Igor : Non, ce n'est pas mon habitude. En fait, je suis mon instinct. Ça m'a toujours réussi.

Jeanne : Même dans les choses sérieuses ? Je veux dire, si vous étiez sérieusement amoureux de moi, vous auriez agi comme ça, au risque de tout compromettre ?

Igor : Certainement… Et qui vous prouve que je ne suis pas sérieusement amoureux de vous ?

Jeanne : Ce que vous venez de faire.

Igor : Eh bien, non !

Jeanne : Eh bien, si !

Igor : Je ne suis pas amoureux de vous, mais je pourrais l'être. D'une certaine façon, j'ai envie de l'être. Si j'ai agi aussi précipitamment, c'est que je ne voulais pas me laisser enfermer dans votre stratégie ?

Jeanne : Ma stratégie ? Mais quelle stratégie ?

Igor : Celle de banaliser, plutôt d'aseptiser, de désérotiser nos rapports. « Je suis le père de votre copine, je suis tabou, plus d'arrière-fond de séduction », comme vous dites. Moi, je n'aime pas ça. Au lieu de me mettre à l'aise, ça me glace, je me sens raide et emprunté. J'aime désirer et être désiré, précisément, en arrière-fond, même si ça n'aboutit à rien. L'amour frénétique et exclusif que j'éprouvais pour Eve m'avait retiré ce goût. Il m'est revenu quand je vous ai vue. Non pas pour la première fois, en sortant de la salle de bains, mais à table… Vous n'écoutez pas. Je sais à quoi vous pensez.

Jeanne : Ah ! À quoi d'après vous ?

Igor : Quelque chose comme : « Qu'il parle, je connais la musique ».

Jeanne : Ce n'est pas ce à quoi je pense en ce moment.

Igor : Vous pensez à quoi ?

Jeanne : À mon cours de lundi après-midi.

Igor : Vous êtes vraiment détachée de la situation présente !

Jeanne : Non, c'est en fonction d'elle que j'y pense. J'essayais simplement de me souvenir à quoi je pensais tout à l'heure, quand j'ai dit oui.

Igor : Pensée… transcendantale ?

Jeanne : Non, psychologique, plutôt.

Igor : Et alors ?

Jeanne : Et bien au stade actuel de ma réflexion qui a été brève, je pense surtout que je ne pensais à rien… Enfin, je veux dire à aucun des motifs qui règlent la conduite des êtres les uns envers les autres : attraction, répulsion, amour, haine, domination, soumission… Enfin… je ne pensais ni à vous ni à Mathieu, ni même à moi.

Igor : Vous voulez dire que vous avez agi par pur automatisme ?

Jeanne : Pas exactement. J'ai agi par logique. La logique du nombre. Celle du nombre trois.

Igor : Jamais deux sans trois.

Jeanne : Oui, c'est un jeu. Il y a aussi toute cette tradition du nombre trois : le triangle, le syllogisme, la trinité, la triade hégélienne… Enfin, je ne sais pas, toutes ces choses qui définissent un monde clos, qui instaurent le définitif et qui donnent peut-être la clef du mystère. Mais je ne me sentais pas entraînée par une force extérieure. C'était par libre choix. J'ai vraiment agi par honnêteté envers la logique. J'aurais pu dire non, mais j'avais l'impression que c'était tricher. « C'était pas de jeu », comme je disais quand j'étais petite.

Igor : Vous savez, c'était un peu la raison pour moi aussi.

Jeanne : Un peu ?

Igor : Oui… Ce n'était pas la seule.

Jeanne : En fait reste une personne en fonction de qui, ou plus exactement contre qui j'ai déterminé mon choix. Vous savez qui c'est ?

Igor : Ce n'est ni vous ni moi, ni votre fiancé, avez-vous dit. Eve ?

Jeanne : Mais non ! C'est Natacha. On venait de parler d'elle et j'ai eu une petite dent contre elle aujourd'hui ; j'espère qu'elle me pardonnera.

Igor : Mais ce n'était pas contre elle. Elle voulait plutôt vous jeter dans mes bras.

Jeanne : Elle vous l'a dit ?

Igor : Non, je la connais. Ne serait-ce que par hostilité contre Eve.

Jeanne : Eh bien, justement je voulais, en allant dans son sens, en démontrer l'absurdité. Et saborder votre complot à tous les deux.

Igor : Complot ! S'il y en a eu c'est uniquement de la part de Natacha. Et si naïf ! J'espère que vous me croyez.

Jeanne : Mais bien sûr… Vous ne trouvez pas que l'on a assez parlé de ça ! Si on mettait de la musique !

Conte de printemps

SOMMAIRE

Achevé d'imprimer en mars 98
sur les presses de Phenix Impressions
92220 BAGNEUX